Alexis Feldmeier García

Das
DaZ-Buch

Basiskurs
für Zweitschriftlernende

  Alles Digitale zu diesem Buch kann auf der Lernplattform **allango** von Ernst Klett Sprachen abgerufen werden. So geht's:

| QR-Code scannen oder **www.allango.net** aufrufen | Buchtitel oder ISBN in der Suche eingeben und auf das Buchcover klicken | Zum Inhalt navigieren, direkt abrufen oder speichern |

Zu diesem Buch auf allango verfügbar: **Audios, Unterrichtshinweise**

Ernst Klett Sprachen
Stuttgart

Das DaZ-Buch
Basiskurs für Zweitschriftlernende 978-3-12-666885-9
Trainingsheft für Zweitschriftlernende 978-3-12-666886-6

Wir danken der Firma Heimat Werbeagentur GmbH, die uns die Schrift „Ernst Fünfundfünfzig", eine Entwicklung für die Volksbanken Raiffeisenbanken zusammen mit der Firma Fontshop, für dieses Lehrwerk zur Verfügung gestellt hat. Ebenso danken wir der Firma Hans Zybura Software (www.zybura.com), die uns ihre Schrift „Zarb-Geheimschrift" (☐☐☐-☐☐☐☐☐☐☐☐☐☐☐☐) für dieses Lehrwerk zur Verfügung gestellt hat.

1. Auflage   1 ⁹⁸⁷⁶⁵ | 2027 26 25 24 23

Alle Drucke dieser Auflage sind unverändert und können im Unterricht nebeneinander verwendet werden.
Die letzte Zahl bezeichnet das Jahr des Druckes.

Das Werk und seine Teile sind urheberrechtlich geschützt. Jede Nutzung in anderen als den gesetzlich zugelassenen Fällen bedarf der vorherigen schriftlichen Einwilligung des Verlags.
© Ernst Klett Sprachen GmbH, Rotebühlstraße 77, 70178 Stuttgart, 2019.
Alle Rechte vorbehalten.
www.klett-sprachen.de

Autor: Alexis Feldmeier García

Redaktion: Renate Weber; Elisabeth Kunze, Rom; Nicole Nolte
Layout, Satz und Gestaltung: Eva Mokhlis, Stuttgart
Illustrationen: Sven Palmowski, Barcelona
Foto Umschlag: Gunther Pagel, Viernheim
Umschlaggestaltung: Sabine Kaufmann

Sprecherinnen und Sprecher: Christian Birko-Flemming, Stela Katic, Johannes Lange, Mario Pitz, Stefanie Plisch de Vega, Jenny Ulbricht, Sofi Vega, Michael Vermathen, Ron Vodovozov
Tontechnik und Produktion: Michael Vermathen, Bauer Studios GmbH, Ludwigsburg; Gunther Pagel, Top 10 Tonstudio, Viernheim

Druck und Bindung: Elanders GmbH, Waiblingen

Printed in Germany.
978-3-12-666885-9

Das DaZ-Buch
Basiskurs für Zweitschriftlernende

Laute und Buchstaben: Wörter hören und sprechen

verschiedene Schriften lesen

phonologische Bewusstheit fördern

Buchstaben erkennen und schreiben

Kommunikationsstrategien entwickeln

einen Laut und seine Schreibung(en) bewusst machen

Stationen: Laute kontrastiv üben und mit der Erstsprache vergleichen

wichtige Redemittel und Zahlen übersetzen

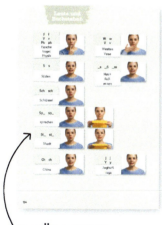

Im Überblick: Laute und Buchstaben hören und sehen

Symbole

- ▶ 1_01 Audio
- 👂 Höre.
- ✏️ Schreibe.
- 👁 Sieh an. / Lies.
- 👄 Sprich.
- ✊ Klopfe die Sprechsilben.
- 🖍 Markiere.
- ✗✏️ Kreuze an.
- ⎯✏️ Verbinde.

Inhalt

N n	6
_e _en	8
T t	10
A a	12
A a ah aa	14
R r	16
I i	18
_ie	20
D d	22
Station 1	24
S s	26
_s ss ß	28
E e Ä ä	30
E e eh ee	32
Ä ä	34
L l	36
U u	38
U u uh	40
M m	42
Station 2	44
O o	46
O o oh oo	48
F f V v	50
W w V v	52
Ei ei	54
G g	56
K k C ck	58
B b	60
P p	62
Station 3	64
Sch sch	66
Sp sp	68
St st	70
Au au	72
Ch ch	74
_ch	76
H h	78
ü	80
Ü ü	82
Station 4	84

Eu eu Äu äu	86	ff ck kk ll mm nn pp rr ss tt	112
J j Y y	88		
Z z	90	ah eh ih oh uh äh öh üh	114
Ö ö	92		
Ö ö öh	94	schl schm schn schr schw	116
X x	96		
Qu qu	98	br dr fr gr kr pr tr	118
_ng	100		
_nk	102		
_er	104	**Station 6**	120
_r	106	Alphabet	122
Pf pf	108	Laute und Buchstaben	123
Station 5	110		

N n Nn Nn Nn Nn Nn nn

1 Sieh die Bilder an. Höre. ▶ 1_01 👁 👂

2 Höre. Sprich. ▶ 1_01 👂 👄

3 Schreibe N n. ✏️

4 Schreibe N n. ✏️

5 Lies. Markiere N n. 👁 ✏️

Name   heißen   Morgen   Gute Nacht

6 Schreibe N n. ✏️

7 Schreibe N n. ✏️

☐ame   Gute ☐   Morge☐   heiße☐   Gute☐ Tag

8 Höre und klopfe. ▶ 1_02

(Gu ten)   (Mor gen)   (hei ßen)   (Na me)

9 Höre und sprich. Schreibe N n. ▶ 1_02

Gu te___   Mor ge___   hei ße___   ___a me

10 Sieh die Bilder an. Schreibe N n.

Gute___   Gute___   Gute___   Gute
Morge___   Tag   Abe___d   ___acht

11 Höre. Schreibe n nn. ▶ 1_03

▶ Gute___ Morge___. Kö___ne___ Sie mir helfe___?
◁ Ja, ger___. Wie ka___ ich dir helfe___?
▶ Ich ka___ das ___icht lese___.

12 Verbinde.

Morgen —— Abend
Abend ——— Guten Tag
Guten Tag — Nacht
Nacht ——— Morgen

▶ 1_04

_e _en *e en e en e en*

1 Sieh die Bilder an. Höre. ▶ 1_05 👁 👂

2 Höre. Sprich. ▶ 1_05 👂 👄

3 Schreibe _e und _en. ✏

4 Schreibe _e und _en. ✏

e

en

5 Lies. Markiere _en. 👁 ✏

lesen   schreiben   sprechen   hören

6 Schreibe _e. ✏

ich lese   schreibe   spreche   höre

7 Schreibe _en. ✏

wir lesen   schreiben   sprechen   hören

8 Höre und klopfe. ▶1_06

(hei ‿ ße)   (se ‿ he)   (spre ‿ chen)   (le ‿ sen)

9 Höre und sprich. Schreibe _e _en. ▶1_06

hei ß......   se h......   spre ch......   le s......

10 Sieh die Bilder an. Schreibe _e _en.

Wie ist dein Nam....?   Wie heiß...... Sie?

11 Höre. Schreibe _e _en. ▶1_07

▶ Entschuldigung, wie ist Ihr Nam....?
  Ich kann das nicht les..... .
◁ Mein Nam.... ist Nikolov.
▶ Ah, Sie heiß..... Nikolov. Dank..... .

12 Verbinde.

schreiben   *ich heiße*
lesen   *Name*
ich heiße   *lesen*
Name   *schreiben*

▶1_08

sprechen
ich heiße
lesen
Name

T t Tt Tt Tt Tt Tt d tt dt

1 Sieh die Bilder an. Höre. ▶ 1_09

2 Höre. Sprich. ▶ 1_09

3 Schreibe T t.

Guten Aben**d**
Deutschlan**d**
t   d

4 Schreibe T t.

5 Lies. Markiere T t _d.

Mehmet   Fatima   Deutschland   Türkei

6 Schreibe T t _d.

7 Schreibe T t tt.

Fa☐ima Gu☐en ☐ag Mehme☐ bi☐☐e is☐

8 Höre und klopfe. ▶1_10

(Ta)(ge)   (bit)(te)   (Gu)(ten)   (A)(bend)

9 Höre und sprich. Schreibe T t tt _d und _e. ▶1_10

.... a   g   bi ....   Gu .... n   A   b   n ....

10 Sieh die Bilder an. Schreibe T t _d.

Ich komme aus der ....ürkei.

Wir kommen aus Deu....schlan....

11 Höre. Schreibe T t tt _d. ▶1_11

▶ Gu....en ....ag. Woher komms.... du?

◁ Wie bi........e?

▶ Aus welchem Lan.... komms.... du?

◁ Aus der ....ürkei.

12 Verbinde.

Fatima   *Guten Tag*
Guten Tag   *Mehmet*
Türkei   *Fatima*
Mehmet   *Türkei*

Aa *Aa Aa* **Aa** A a **Aa** αà

1 Sieh die Bilder an. Höre. ▶ 1_13 👁 👂

2 Höre. Sprich. ▶ 1_13 👂 👄

3 Schreibe A a. ✏

4 Schreibe A a. ✏

5 Lies. Markiere A a. 👁 ✏

Adresse　　　　Hallo　　　　Stadt　　　　Amt

6 Schreibe A a. ✏

7 Schreibe A a. ✏

H☐llo　☐hmed　Gute N☐cht　St☐dt　L☐nd

8 Höre und klopfe. ▶ 1_14

(Ap)(fel)   (Ta)(sche)   (Fla)(sche)   (dan)(ke)

9 Höre und sprich. Schreibe A a und _e. ▶ 1_14

....p f l   T.... sch   Fl.... sch   d....n k

10 Sieh die Bilder an. Schreibe a.

Ist d....s deine T....sche?   Wie schreibt m....n d....s?

11 Höre. Schreibe A a. ▶ 1_15

▶ H....llo A....hmed, wie schreibt m....n T....sche?
◁ D....s schreibt m....n: T-....-S-C-H-E.
▶ D....nke.

12 Verbinde.

Hallo   danke
danke   Hallo
Adresse   Land
Land   Adresse

▶ 1_16

Hallo   danke   Amt   Apfel

A a ah aa *A a* **A a** **ah** αα

1 Sieh die Bilder an. Höre. ▶ 1_17

2 Höre. Sprich. ▶ 1_17

3 Schreibe A a ah.

A a ah

4 Schreibe A a ah aa.

A

a ah aa

5 Lies. Markiere A a ah aa.

Abend   Zahlen   Straße   Staat

6 Schreibe A a ah.

Name   Zahlen   Abend   Tag   ja

7 Schreibe A a aa.

☐bend   N☐chn☐me   St☐☐tsangehörigkeit

8 Höre und klopfe. ▶ 1_18

Na me   A bend   Stra ße   Fra ge

9 Höre und sprich. Schreibe A a und _e. ▶ 1_18

N.... m   .... b nd   Str.... ß   Fr.... g

10 Sieh die Bilder an. Schreibe a.

Wie ist dein
N....chn....me?

Ich h....be eine Fr....ge.

11 Höre. Schreibe A a. ▶ 1_19

▶ Guten T....g. Wie ist dein N....me?
◁ J.... mil.... ziz.
▶ ....ziz ist der N....chn....me?
◁ J...., genau.

12 Verbinde.

Nachname — Abend
Straße — Straße
Abend — Name
Name — Nachname

▶ 1_20

Abend
Name   Zahl
Staatsangehörigkeit

R r

1 Sieh die Bilder an. Höre. 1_21

2 Höre. Sprich. 1_21

3 Schreibe R r.

4 Schreibe R r.

5 Lies. Markiere R r.

Rucksack   Schere   Schülerin   Lehrerin

6 Schreibe R r rr.

He__ r__r   F__r__au   Leh__r__erin   __R__ucksack

7 Schreibe R r.

Sp__ache   A__abisch   Bulga__isch   __ussisch

8 Höre und klopfe. ▶1_22

(Spra chen) (spre chen) (Fra ge) (fra gen)

9 Höre und sprich. Schreibe r und _e. ▶1_22

Sp__a ch n   sp__e ch n   F__a g   f__a g n

10 Sieh die Bilder an. Schreibe R r.

Ich bin F__au Lenzky,   Ich habe eine F__age.
eu__e Spo__tleh__e__in.   Sp__ichst du __ussisch?

11 Höre. Schreibe R r. ▶1_23

▶ Ich habe eine F__age. Sp__ichst du A__abisch?
◁ Nein, ich sp__eche __ussisch und Uk__ainisch.
▶ Ah, danke.

12 Verbinde.

Sprachen   Bulgarisch
Arabisch   Russisch
Russisch   Sprachen
Bulgarisch   Arabisch

▶1_24

Frau
Herr   Russisch
fragen

I i   Ii *Ii* **Ii** |i li

1 Sieh die Bilder an. Höre. ▶ 1_25

2 Höre. Sprich. ▶ 1_25

3 Schreibe I i.

4 Schreibe I i.

5 Lies. Markiere I i.

Brille   Information   Stift   Tisch

6 Schreibe i.

fert☐g   Untersch☐ift   St☐ft   Br☐lle

7 Schreibe I i.

☐nformat☐on   b☐tte   ☐ch b☐n   fert☐g

8 Höre und klopfe. ▶ 1_26

(Stif te)   (Bril le)   (bit te)   (Ti sche)

9 Höre und sprich. Schreibe i und _e. ▶ 1_26

(St…f t)   (Br…l l)   (b…t t)   (T… sch)

10 Sieh die Bilder an. Schreibe I i.

Wo …st die
…nformat…on?

B…tte eine
Unterschr…ft.

11 Höre. Schreibe I i. ▶ 1_27

▶ B…st du schon fert…g?
◁ Ja. ☐ch b…n fert…g.
▶ Ok. Dann b…tte noch eine Unterschr…ft.

12 Verbinde.

bitte — fertig
fertig — Information
Unterschrift — bitte
Information — Unterschrift

▶ 1_28

_ie_

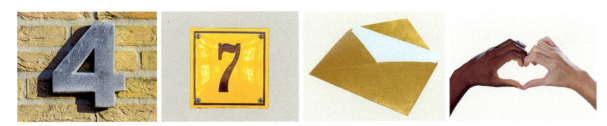

1 Sieh die Bilder an. Höre. ▶ 1_29 👁 👂

2 Höre. Sprich. ▶ 1_29 👂 👄

3 Schreibe _ie. ✏

4 Schreibe _ie ih i. ✏

ie

ih   i

5 Lies. Markiere _ie. 👁 ✏

vier   sieben   Brief   Liebe

6 Schreibe _ie ih i. ✏

Sie   wir   vier   ihr   Liebe   sieben

7 Schreibe _ie. ✏

L☐be   Br☐f   v☐r   Auf W☐dersehen

8 Höre und klopfe. ▶ 1_30

lie ben   wie der   vie len   sie ben

9 Höre und sprich. Schreibe _ie und _e. ▶ 1_30

l___ b n   w___ d r   v___ l n   s___ b n

10 Sieh die Bilder an. Schreibe _ie i.

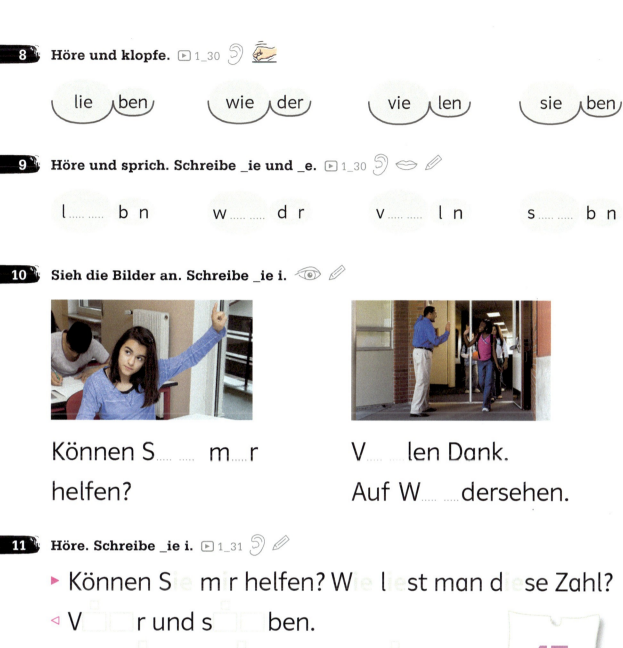

Können S___ m___r helfen?

V___len Dank.
Auf W___dersehen.

11 Höre. Schreibe _ie i. ▶ 1_31

▸ Können S□ m□r helfen? W□ l□st man d□se Zahl?
◂ V□r und s□ben.
  Man l□st: s□benundv□rzig.   **47**
▸ V___len Dank.

12 Verbinde.

Sie — Auf Wiedersehen
Vielen Dank — Sie
Auf Wiedersehen — Liebe
Liebe — Vielen Dank

▶ 1_32

Liebe ihr
wir Sie Handy
Wiedersehen

D d Dd Dd Dd Dd Dd Dd

1 Sieh die Bilder an. Höre. ▶ 1_33

2 Höre. Sprich. ▶ 1_33

3 Schreibe D d.

Kind 👄 t
Kinder 👄 d

4 Schreibe D d.

5 Lies. Markiere D d.

drei   Handy   Kinder   Dose

6 Schreibe D d.

Dose   Kinder   drei   du   Handy

7 Schreibe d.

Entschul☐igung   Auf Wie☐ersehen   ☐anke

8 Höre und klopfe. ▶1_34

(dan ke)   (dür fen)   (drau ßen)   (drin nen)

9 Höre und sprich. Schreibe d und _e. ▶1_34

..... an k   ..... ür f n   ..... rau ß n   ..... rin n n

10 Sieh die Bilder an. Schreibe d.

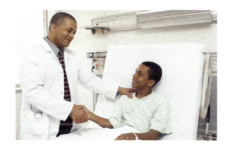   

Ich ..... anke Ihnen.   Ich ..... anke ..... ir.

11 Höre. Schreibe D d. ▶1_35

▸ Entschul ..... igung, ... arf man hier telefonieren?
◁ Nein. ..... u ..... arfst nur ..... raußen telefonieren.
▸ Okay, ... anke.

12 Verbinde.

dürfen   *danke*
danke   *draußen*
draußen   *Deutschland*
Deutschland   *dürfen*

▶1_36

danke
Handy   *du*
Deutschland

Station 1

1 Höre und markiere. Schreibe die Buchstaben in deiner Sprache. ▶ 1_37

Nacht	lesen	Kinder	Tag	danke	Zahl	fragen	bitte	Brief
N		D	T	A	A Ah	R		I
n	_e _en	d	t	a	a ah aa	r	i	ie

Guten Abend   Abende
Deutschland   Länder
👄 t ✏ d   👄 d ✏ d

2 Übersetze.

Hallo ....

Guten Morgen ....

Guten Tag ....

Guten Abend ....

3 Übersetze.

Wie ist dein Name? ....

Mein Name ist … ....

Wie heißen Sie? ....

Ich heiße … ....

4 Höre. Sprich. 1_38

a ah aa ⟶ a

ie ⟶ i

5 Höre. Kreuze an. 1_39

danke	☐	☐		bitte	☐	☐
Name	☐	☐		Brief	☐	☐
Abend	☐	☐		Stifte	☐	☐
Hallo	☐	☐		sieben	☐	☐
ja	☐	☐		Brille	☐	☐

6 Höre und schreibe die Zahlen. Übersetze. 1_40

0   ull
1   ei s
2   zwei
3   ei
4   v r
5   fü f
6   sechs
7   s b
8   ch
9   eu
10   zeh

7 Höre. Sprich. 1_40

S s *Ss Ss Ss Ss Ss Ss*

1 Sieh die Bilder an. Höre. ▶ 2_01

2 Höre. Sprich. ▶ 2_01

3 Schreibe S s.

4 Schreibe S s.

5 Lies. Markiere S s.

Süden   Insel   Dose   Seite

6 Schreibe S s.

Seite   sechs   sieben   siebzehn   siebzig

7 Schreibe S s.

Do_e   _üden   _ind   In_el   _ie

8 Höre und klopfe. ▶ 2_02

le · sen   se · hen   Do · se   Sei · te

9 Höre und sprich. Schreibe S s und _e. ▶ 2_02

le ..... n   ..... e h n   Do .... ei t

10 Sieh die Bilder an. Schreibe s.

Entschuldigung, ich kann das nicht le.....en.

Noch einmal lang.....am bitte.

11 Höre. Schreibe S s. ▶ 2_03

▶ Entschuldigung, wer ̤ind ̤ie?
◁ Mein Name ist Anneli☐e ☐eidel.
▶ Noch einmal lang.....am, bitte.

12 Verbinde.

Seite   langsam
lesen   Seite
langsam   Sie
Sie   lesen

▶ 2_04

lesen
Insel sehen
Sie sind

_s ss ß

1 Sieh die Bilder an. Höre. ▶ 2_05

2 Höre. Sprich. ▶ 2_05

3 Schreibe _s ss ß.

4 Schreibe _s ss ß.

5 Lies. Markiere _s ss ß.

Schlüssel   Haus   Fuß   Pass

6 Schreibe _s ss ß.

heißen   Haus   Tschüss   bis bald

7 Schreibe _s ss ß.

Schlü☐el   Adre☐e   ein☐   Fu☐

8 Höre und klopfe. ▶ 2_06

Fü | ße   Schlüs | sel   Päs | se   hei | ßen

9 Höre und sprich. Schreibe ss ß und _e. ▶ 2_06

Fü .....   Schlü l   Pä .....   hei ..... n

10 Sieh die Bilder an. Schreibe _s ss ß.

Wa.... hei....t „Tschü....."?   Bitte Ihren Pa.......

11 Höre. Schreibe _s ss. ▶ 2_07

▶ Ich muss zur Schule.
◁ Vergi.... den Schlü....el nicht.
▶ Oh, danke. Tschü....., bi.... bald!

12 Verbinde.

Adresse   Haus
Fuß   Adresse
Haus   eins
eins   Fuß

▶ 2_08

Tschüss heißen eins Haus

E e Ä ä *E e Ä ä E e Ä ä*

1 Sieh die Bilder an. Höre. ▶ 2_09

2 Höre. Sprich. ▶ 2_09

3 Schreibe E e Ä ä.

4 Schreibe E e Ä ä.

5 Lies. Markiere E e Ä.

Ente   essen   Äpfel   Heft

6 Schreibe E e ä.

7 Schreibe E e Ä.

☐nte   ☐ntschuldigung   ☐pfel   s☐chs

30

8 Höre und klopfe. ▶ 2_10

(hät te)   (ger ne)   (spre chen)   (es sen)

9 Höre und sprich. Schreibe e ä und _e. ▶ 2_10

h....t t   g....r n   spr....ch n   ....s s n

10 Sieh die Bilder an. Schreibe e Ä ä.

Was h....tten Sie g....rne?   Ich h....tte g....rne ....pfel.

11 Höre. Schreibe e Ä ä. ▶ 2_11

▶ Ich h....tte g....rne ....pfel.

◁ Die g....lben sind l....cker.

▶ Okay, dann s....chs g....lbe ....pfel.

12 Verbinde.

Englisch   essen
  Äpfel   Englisch
essen   Pässe
Pässe   Äpfel

▶ 2_12

sprechen
Englisch   Ente
  Äpfel

E e eh ee *E e* Eh eh ee

1 Sieh die Bilder an. Höre. ▶ 2_13

2 Höre. Sprich. ▶ 2_13

3 Schreibe E e eh.

4 Schreibe E e eh ee.

5 Lies. Markiere E e eh ee.

Paket　　　zehn　　　　　Tee　　　　　Esel

6 Schreibe E e eh ee.

Esel　　　Kaffee　　　　zehn　　　　Paket

7 Schreibe e ee.

w☐r　　l☐sen　　T☐☐　　Kaff☐☐

8 Höre und klopfe. ▶ 2_14

(ge hen)   (se hen)   (neh men)   (le sen)

9 Höre und sprich. Schreibe e eh und _e. ▶ 2_14

g..... n   s..... n   n..... m n   l..... s n

10 Sieh die Bilder an. Schreibe eh ee.

T..... oder Kaff.....?   Ich n..... me einen T......

11 Höre. Schreibe eh ee. ▶ 2_15

▶ Was n eh men Sie?
◁ Ich n☐☐ me einen T☐☐.
■ Und ich n..... me einen Kaff......

12 Verbinde.

Paket   *lesen*
lesen   Paket
zehn   Tee
Tee   zehn

▶ 2_16

Esel
lesen   Tee
zehn

33

Ä ä   *Ää* **Ää** *Ää* **Ää** äh äh **äh**

1 Sieh die Bilder an. Höre. ▶ 2_17

2 Höre. Sprich. ▶ 2_17

3 Schreibe Ä ä.

4 Schreibe Ä ä äh.

5 Lies. Markiere ä äh.

zählen   Mädchen   Käse   Räder

6 Schreibe ä äh.

V__ter   sp__t   R__der   K__se   z__hlen

7 Schreibe ä.

R__der   K__se   sp__t   V__ter   M__dchen

8 Höre und klopfe. ▶ 2_18

(zäh)(len)   (Kä)(se)   (Mäd)(chen)   (wäh)(len)

9 Höre und sprich. Schreibe ä äh und _e. ▶ 2_18

z......l n   K......s   M......d ch n   w......l n

10 Sieh die Bilder an. Schreibe ä.

Wie sp....t ist es?

Welchen K....se möchten Sie?

11 Höre. Schreibe ä. ▶ 2_19

▸ Der N...chste bitte.
◂ Ich möchte K...se.
▸ Welchen K...se möchten Sie?

12 Verbinde.

Mädchen   *wählen*
wählen   *Räder*
Räder   *Wie spät ist es?*
Wie spät ist es?   *Mädchen*

▶ 2_20

Räder
Mädchen
wählen   spät

Ll   Ll Ll ℒl Ll ll Ll

1 Sieh die Bilder an. Höre. ▶ 2_21

2 Höre. Sprich. ▶ 2_21

3 Schreibe L l.

4 Schreibe L l.

5 Lies. Markiere L l ll.

Land   Flasche   Familie   Ball

6 Schreibe l ll.

Sch⬚üsse⬚   ⬚angsam   Fami⬚ie   Bri⬚e

7 Schreibe L l ll.

⬚ecker   ⬚and   Ba⬚⬚   F⬚asche   Ha⬚⬚o

8 Höre und klopfe. ▶ 2_22

Bril·le   Fla·sche   le·sen   vie·len

9 Höre und sprich. Schreibe l ll und _e. ▶ 2_22

Bri.... ....   F....a sch....   ....e s....n   vie....n

10 Sieh die Bilder an. Schreibe l.

Wie ist dein Fami....ien-name?

Bitte noch einma.....

11 Höre. Schreibe L l. ▶ 2_23

▸ Wie ist dein Fami....ienname?
  Ich kann das nicht ....esen.
◂ S....imani. S-....-I-M-A-N-I.
▸ Vie....en Dank.

12 Verbinde.

langsam — langsam
Vielen Dank — Vielen Dank
Land — Land
Familie — Familie

▶ 2_24

lesen Land Familie Ball

U u   Uu Uu Uu Uu Uu Uu

1 Sieh die Bilder an. Höre. ▶ 2_25

2 Höre. Sprich. ▶ 2_25

3 Schreibe U u.

U u   U u

4 Schreibe U u.

U

U

5 Lies. Markiere U u.

Nummer   Bus   Junge   Unterricht

6 Schreibe u.

B us   Entsch uldig ung   M uttersprache   B usn ummer

7 Schreibe U u.

St☐ndenplan   ☐nterricht   n☐ll   ☐nd   ☐m

8 Höre und klopfe. ▶ 2_26

(Stun de)   (Num mer)   (Jun ge)   (Bus se)

9 Höre und sprich. Schreibe u und _e. ▶ 2_26

St... n d   N..... m m r   J.... n g   B... s s

10 Sieh die Bilder an. Schreibe U u.

	Montag
1. Stunde 8:00–8:45 Uhr	D
2. Stunde 8:50–9:35 Uhr	D

Der ....nterricht beginnt ....m acht.

B...s N...mmer ein...nd-zwanzig z...m Bahnhof!

11 Höre. Schreibe u. ▶ 2_27

▶ Z...m Bahnhof? Nimm den B...s N...mmer ein...ndzwanzig.

◁ Entsch...ldig...ng. Welche N...mmer?

▶ N...mmer ein...ndzwanzig.

12 Verbinde.

Bus — und
Nummer — Bus
und — Unterricht
Unterricht — Nummer

▶ 2_28

Junge
Unterricht
Nummer und

39

U u uh   *U u uh*

1 Sieh die Bilder an. Höre. 2_29

2 Höre. Sprich. 2_29

3 Schreibe U u.

4 Schreibe U u uh.

5 Lies. Markiere U Uh u.

U-Bahn   Schule   Uhr   Buch

6 Schreibe u.

B_ch   B_chstabe   d_ b_chstabierst   g_t

7 Schreibe U Uh u.

☐_r   Sch_le   G_ten Abend   ☐-Bahn

8 Höre und klopfe. ▶ 2_30

su chen · gu ten · Schu le · Ru he

9 Höre und sprich. Schreibe u uh und _e. ▶ 2_30

s..... ch n · g..... t n · Sch..... l..... · R..... .....

10 Sieh die Bilder an. Schreibe u uh.

R..... .....e bitte!

G..... ten Tag, ich s..... che die Sch..... le.

11 Höre. Schreibe U u. ▶ 2_31

▶ G..... ten Tag. Was s..... chst d..... ?
◁ Ich s..... che die Sch..... le.
▶ Dann nimm die .....-Bahn.

12 Verbinde.

U-Bahn   Uhr
du   Schule
Uhr   U-Bahn
Schule   du

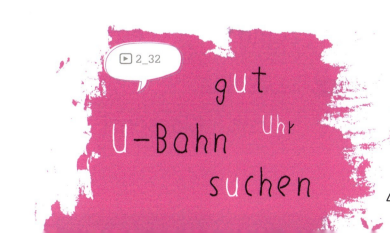

▶ 2_32

gut
U-Bahn   Uhr
suchen

M m *M m* **M m** *M m* M m mm

1 Sieh die Bilder an. Höre. ▶ 2_33

2 Höre. Sprich. ▶ 2_33

3 Schreibe M m.

M m   M m

4 Schreibe M m.

M

m

5 Lies. Markiere M m.

Mann   Formular   Termin   Morgen

6 Schreibe M m.

Mann   Termin   Familie   Formular

7 Schreibe M mm.

☐usik   Klassenzi☐☐er   willko☐☐en   ☐orgen

8 Höre und klopfe. 2_34

kom·men   Num·mer   Mor·gen   Na·me

9 Höre und sprich. Schreibe M m mm und _e. 2_34

ko**mm**en   Nu**mm**er   **M**or**ge**n   Na**me**

10 Sieh die Bilder an. Schreibe M m mm.

Herzlich willko**mm**en.   Einen **M**o**m**ent, bitte.

11 Höre. Schreibe M m. 2_35

▸ Guten **M**orgen, ich habe einen Ter**m**in.
◂ Wie ist Ihr Na**m**e?
▸ **M**ein Na**m**e ist Yas**m**ine Sli**m**ani.
◂ Einen **M**o**m**ent, bitte.

12 Verbinde.

Mann — Mann
Name — Name
Klassenzimmer — Klassenzimmer
Termin — Termin

2_36

mein
kommen   Name
Mann

Station 2

1 Höre und markiere. Schreibe die Buchstaben in deiner Sprache. ▶ 2_37

	Seite	Haus	Heft	Tee	Käse	Land	Bus	Uhr	Mann
	S		E Ä	E Eh	Ä Äh	L	U	U Uh	M
	s	_s ss ß	e ä	e eh ee	ä äh	l	u	u uh	m

2 Übersetze.

Vorname ....

Familienname ....

Adresse ....

Telefonnummer ....

3 Übersetze.

Woher kommst du? ....

Ich komme aus … ....

Wo wohnst du? ....

Ich wohne in … ....

4 Höre. Sprich. ▶ 2_38

e eh ee ⟶ e

u uh ⟶ u

5 Höre. Kreuze an. ▶ 2_39

Paket	☐	☐	Nummer	☐	☐
sprechen	☐	☐	Ruhe	☐	☐
sehen	☐	☐	Busse	☐	☐
essen	☐	☐	Schule	☐	☐

6 Höre und schreibe die Zahlen. Übersetze. ▶ 2_40

10 z
11   f
12 zwö f
13   eiz
14 v rz
15 fü fz
16   chz
17   bz
18 ch z
19 eu z
20 zw zig

7 Höre. Sprich. ▶ 2_40

45

O o

1 Sieh die Bilder an. Höre. ▶ 3_01

2 Höre. Sprich. ▶ 3_01

3 Schreibe O o.

4 Schreibe O o.

5 Lies. Markiere O o.

Norden   Osten   Post   Wort

6 Schreibe O o.

Hallo   kommen   Wort   Ort

7 Schreibe O o.

◻rt   ◻sten   P◻st   N◻rden

8 Höre und klopfe. ▶ 3_02

(Nor den)   (Os ten)   (kom men)   (Or te)

9 Höre und sprich. Schreibe O o und _e. ▶ 3_02

N..r d n   ..s t n   k..m m n   ..r t

10 Sieh die Bilder an. Schreibe O o.

Hall..., P...st für Sie.   Wie heißt der ...rt?

11 Höre. Schreibe O o. ▶ 3_03

▶ Ich k..mme aus R..st..ck.

◁ Wie heißt der ☐rt?

▶ R..st..ck. Das ist im N..rd..sten v..n Deutschland.

12 Verbinde.

Osten — kommen
Norden — Ort
kommen — Osten
Ort — Norden

▶ 3_04

Ort
kommen
Osten   Post

O o oh

1 **Sieh die Bilder an. Höre.** 3_05

2 **Höre. Sprich.** 3_05

3 **Schreibe O o.**

4 **Schreibe O o oh oo.**

5 **Lies. Markiere Oh oh o.**

Ohr   wohnen   Brot   Foto

6 **Schreibe Oh o oo.**

Dose   Ohr   oder   Zoo

7 **Schreibe o Oh oh.**

F_to   w_nen   w_   Br_t   _r

8 Höre und klopfe. ▶ 3_06

Do se   o der   Oh ren   woh nen

9 Höre und sprich. Schreibe Oh oh o und _e. ▶ 3_06

D.... s   .... d r   .... r n   w........ n n

10 Sieh die Bilder an. Schreibe o oh.

Entschuldigung,
w.... ist der Bahnh....f?

W.... w........nst du?

11 Höre. Schreibe o oh. ▶ 3_07

▶ Wo wohnst du?
◁ Ich w....ne in der B....chumer Straße.
▶ Und w.... ist das?
◁ Am Bahnh....f.

12 Verbinde.

wo   Zoo
wohnen   Bahnhof
Bahnhof   wo
Zoo   wohnen

▶ 3_08

wohnen
wo   Foto
Zoo   oder

Ff Vv *Ff* Ff Ff ff Vv

1 Sieh die Bilder an. Höre. ▶ 3_09

2 Höre. Sprich. ▶ 3_09

3 Schreibe F f V v.

4 Schreibe F f V v.

5 Lies. Markiere F f ff V.

Frau   Telefon   Kaffee   Vogel

6 Schreibe F ff V v.

Ka_ _ee   _orname   _amilienname   _on   _rau

7 Schreibe F f v.

☐rau ☐ier ☐ün☐ Tele☐on ☐el zwöl☐

8 Höre und klopfe. ▶ 3_10

(Fra ge)   (hel fen)   (Stif te)   (Hef te)

9 Höre und sprich. Schreibe F f und _e. ▶ 3_10

..... ra   g   hel ..... n   Sti ..... t   He ..... t

10 Sieh die Bilder an. Schreibe F f.

Ich habe eine ..... rage.   Kann ich Ihnen hel ..... en?
Wo ..... inde ich Sti ..... te?

11 Höre. Schreibe F f V v. ▶ 3_11

▶ Ich habe eine rage: Wo inde ich Sti te?
◁ Gleich hier orne neben den He ten.
▶ ielen Dank.

12 Verbinde.

Vorname   fragen
Familienname   Telefon
fragen   Familienname
Telefon   Vorname

▶ 3_12

Frau   Vogel   Heft   Frage   Kaffee

W w V v *Ww **Ww** V v*

1 Sieh die Bilder an. Höre. ▶ 3_13

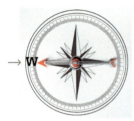   

2 Höre. Sprich. ▶ 3_13

3 Schreibe W w V v.

4 Schreibe W w V v.

5 Lies. Markiere W V v.

Westen   Wasser   Vase   Olive

6 Schreibe w.

wer   wie   was   wo   woher

7 Schreibe W w.

z__anzig   z__ölf   Auf__iedersehen   z__ei

8 Höre und klopfe. ▶3_14

(Wör ter) (woh nen) (wie der) (Va se)

9 Höre und sprich. Schreibe W w V und _e. ▶3_14

...ör t r   ...oh n n   ...ie d r   ...a s

10 Sieh die Bilder an. Schreibe W w V.

Können Sie das bitte ...iederholen?

...ie schreibt man „...ase"?

11 Höre. Schreibe W w. ▶3_15

▸ ...o ...ohnt ihr? Kannst du das bitte ...iederholen?
◂ ...ir ...ohnen in der ...eststraße.
▸ Ah. Und ...o da? ...elche Hausnummer?

12 Verbinde.

wer   was
wie   wer
was   wo
wo   wie

▶3_16

wohnen
Wasser   wo
Vase
Olive   was

Ei ei Ei ei Ei ei Ei ei Ei ei *ai*

1 Sieh die Bilder an. Höre. ▶ 3_17

2 Höre. Sprich. ▶ 3_17

3 Schreibe Ei ei.

4 Schreibe Ei ei.

5 Lies. Markiere Ei ei.

Bleistift   Seite   Ei   Postleitzahl

6 Schreibe ei.

eins   zwei   drei   dreizehn   dreißig

7 Schreibe Ei ei.

□ n □ n l □ se S □ te fr □ Z □ t

8 Höre und klopfe. ▶ 3_18

hei ßen   schrei ben   ar bei ten   lei se

9 Höre und sprich. Schreibe ei und _e. ▶ 3_18

h…ß n   schr… b n   ar b… t n   l… s

10 Sieh die Bilder an. Schreibe ei.

Arb…tet bitte l…se.   Ist das d…ne Lehrerin?

11 Höre. Schreibe ei. ▶ 3_19

▸ Ist das d…ne Lehrerin?
◂ N…n, das ist k…ne Lehrerin.
▪ Doch, das ist m…ne Lehrerin.
  Sie h…ßt Frau Fr… .

12 Verbinde.

Zeit — Postleitzahl
Postleitzahl — frei
frei — Seite
Seite — Zeit

▶ 3_20

schreiben
heißen   nein
Ei   Mai

G g Gg Gg Gg Gg Gg Gg gg

1 Sieh die Bilder an. Höre. 3_21

2 Höre. Sprich. 3_21

3 Schreibe G g.

Guten Ta**g**
Geburtsta**g**

k   g

4 Schreibe G g.

G

g

5 Lies. Markiere G g gg.

Geld   joggen   Auge   Geburtstag

6 Schreibe g.

Radier**g**ummi   **g**ut   Au**g**e   Entschuldi**g**ung

7 Schreibe G g gg.

☐eld   jo☐☐en   ☐uten Mor☐en   ☐eburtsdatum

8 Höre und klopfe. ▶ 3_22

Au-gen   Ta-ge   Gu-ten   Mor-gen

9 Höre und sprich. Schreibe G g und _e. ▶ 3_22

Au ..... n   Ta .... u t n   Mor ..... n

10 Sieh die Bilder an. Schreibe G g.

Hallo, wie ..... eht es dir?   ..... uten Mor ..... en.
Wie ..... eht es Ihnen?

11 Höre. Schreibe G g. ▶ 3_23

▶ ..... uten Mor ..... en. Wie ..... eht es Ihnen?
◁ Danke ..... ut. Und wie ..... eht es Ihnen?
▶ Mir ..... eht es auch ..... anz ..... ut.

12 Verbinde.

Geld — Guten Morgen
Guten Morgen — Entschuldigung
Entschuldigung — Geburtsdatum
Geburtsdatum — Geld

▶ 3_24

Geld   Frage
ganz gut
Guten Morgen

K k C ck K k ck C c Ch kk g

1 Sieh die Bilder an. Höre. ▶ 3_25

2 Höre. Sprich. ▶ 3_25

3 Schreibe K k C ck.

K k C ck   K k C ck

4 Schreibe K k C ck.

K   C
k   ck

5 Lies. Markiere K k C ck.

Computer   Kaffee   Zucker   trinken

6 Schreibe K C ck.

Kaffee   Kind   Zucker   Computer

7 Schreibe K k C.

☐urs   ☐omputer   ☐urs   ☐eine   ☐ola

8 Höre und klopfe. ▶ 3_26

dan ke   kom men   trin ken   Zu cker

9 Höre und sprich. Schreibe k ck und _e. ▶ 3_26

dan ….   ….om m n   trin …. n   Zu ……… r

10 Sieh die Bilder an. Schreibe k.

Was möchten Sie trin….en?

Will….ommen in Fran….furt.

11 Höre. Schreibe K k C ck. ▶ 3_27

▶ Ich trin….e eine ….ola. Und du?
◁ Einen ….affee mit Zu….er, bitte.
▶ O….ay. Einen ….affee und eine ….ola, bitte.

12 Verbinde.

Computerkurs   Basketball
Klassenzimmer   Rucksack
Rucksack   Klassenzimmer
Basketball   Computerkurs

▶ 3_28

Kaffee Chor Computer danke Akku Zucker Tag

B b Bb **Bb** *Bb* **Bb** Bb *Bb*

1 Sieh die Bilder an. Höre. ▶ 3_29   B-A-…

2 Höre. Sprich. ▶ 3_29

3 Schreibe B b.

B b

4 Schreibe B b.

B

b

5 Lies. Markiere B b.

Banane   Brille   verbinden   buchstabieren

6 Schreibe B b.

Lie☐e   U-☐ahn   Ü☐ung   ☐anane

7 Schreibe b.

ich☐in   du☐ist   ☐uchsta☐ieren   ar☐eiten

8 Höre und klopfe. ▶ 3_30

ar・bei・ten   buch・sta・bie・ren   ver・bin・den

9 Höre und sprich. Schreibe b und _e. ▶ 3_30

ar....ei t n   ....uch sta ....ie r n   ver ....in d n

10 Sieh die Bilder an. Schreibe B b.

Le....st du in ....erlin?

Wann hast du Ge....urtstag? –
Im Fe....ruar.

11 Höre. Schreibe B b. ▶ 2_31

▶ Le b st du in B erlin?
◁ Nein, ich le ....e in ....raunschweig.
▶ Kannst du das ....itte ....uchsta....ieren?

12 Verbinde.

Berlin   Übung
U-Bahn   bitte
Übung   Berlin
bitte   U-Bahn

▶ 3_32

Abend
bitte Buch
Brille Übung

P p   Pp *Pp* Pp **Pp** Pp 𝒫𝓅 b pp

1 Sieh die Bilder an. Höre. ▶ 3_33 👁 👂

2 Höre. Sprich. ▶ 3_33 👂 👄

3 Schreibe P p. ✏

gelb 👄 p
💥 ✏ b

4 Schreibe P p. ✏

5 Lies. Markiere P p. 👁 ✏

Paket   Post   Pass   Papier

6 Schreibe P p. ✏

Polen   Pause   Papier   Post

7 Schreibe P p pp. ✏

☐apier   Gru☐☐e   Ägy☐ten   ☐aket

62

8 Höre und klopfe. 3_34

Päs·se   Po·len   Pa·ke·te   Grup·pe

9 Höre und sprich. Schreibe P pp und _e. 3_34

....äs s   ....o l n   ....a ke t   Gru.... ....

10 Sieh die Bilder an. Schreibe P.

Wie ist deine ....ostleitzahl?

Ihren ....ass, bitte.

11 Höre. Schreibe P. 3_35

▸ Was heißt ....LZ?

◂ Das heißt ....ostleitzahl.
Wo wohnst du?

▸ In Bielefeld. Meine ....ostleitzahl ist 33615.

12 Verbinde.

Postleitzahl   Ägypten
Ägypten   Postleitzahl
Polnisch   Paket
Paket   Polnisch

3_36

Post Paket Pass Papier gelb

Station 3

1 Höre und markiere. Schreibe die Buchstaben in deiner Sprache. ▶ 3_37

	Post	wohnen	Frage	wie	Seite	Geld	Kind	bitte	Pass
🇩🇪	O	O Oh	F V	W V	Ei	G	K C	B	P
	o	o oh	f v	w v	ei	g	k ck	b	p
		oo							

Guten Tag   Tage
gel**b**   gel**b**e

👄 k p   ✏ g b   👄 g b   ✏ g b

2 Übersetze. 🇩🇪 →

Adresse ....

Straße ....

Hausnummer ....

Postleitzahl ....

Wohnort ....

3 Übersetze. 🇩🇪 →

Wie ist deine Hausnummer? ....

Meine Hausnummer ist ... .

Wie ist deine Postleitzahl? ....

Meine Postleitzahl ist ... .

4 Höre. Sprich. ▶ 3_38

   o   →   u

5 Hörst du o oder u? Kreuze an. Schreibe O o oder U u. ▶ 3_39

	o	u		o	u
k....mmen	☐	☐	V....gel	☐	☐
B....ch	☐	☐	....hr	☐	☐
Hall....	☐	☐	F....t	☐	☐
w....hnen	☐	☐	N....mmer	☐	☐
....hr	☐	☐	....rt	☐	☐

6 Höre und schreibe die Zahlen. Übersetze. ▶ 3_40

```
       z       zig        ........
               z      zig  ........
z              z      zig  ........
               z      zig  ........
               z      zig  ........
ü              z      zig  ........
chs            z      zig  ........
               z      zig  ........
ch             z      zig  ........
eu             z      zig  ........
               ig          ........
```

7 Höre. Sprich. ▶ 3_40

Sch sch *Sch sch* Sch sch

1 Sieh die Bilder an. Höre. ▶ 4_01

2 Höre. Sprich. ▶ 4_01

3 Schreibe Sch sch.

4 Schreibe Sch sch.

Sch

sch

5 Lies. Markiere Sch sch.

Schlüssel   Tasche   Tisch   Schule

6 Schreibe Sch sch.

7 Schreibe sch.

Unter☐☐rift   Ent☐☐uldigung   T☐☐üss

8 Höre und klopfe. ▶ 4_02

(Ta / sche)   (Schu / le)   (schrei / ben)   (Schlüs / sel)

9 Höre und sprich. Schreibe Sch sch und _e. ▶ 4_02

Ta .... u l   .... rei b n   .... lüs s l

10 Sieh die Bilder an. Schreibe Sch sch.

Ent........ uldigung, wo ist die .... ule?

Wo muss ich unter- .... reiben?

11 Höre. Schreibe Sch sch. ▶ 4_03

▸ Bitte noch eine Unterschrift.
◂ Wo muss ich unter☐☐reiben?
▸ .... reiben Sie hier Ihren Vor- und Nachnamen.

12 Verbinde.

Schule — Entschuldigung
Entschuldigung — Unterschrift
Englisch — Schule
Unterschrift — Englisch

▶ 4_04

Schule
Unterschrift
schreiben
Deutsch

67

Sp sp *Sp sp Sp sp Sp sp*

1 Sieh die Bilder an. Höre. ▶ 4_05

2 Höre. Sprich. ▶ 4_05

Sport
Schp Sp

3 Schreibe Sp sp.

Sp sp   Sp sp

4 Schreibe Sp sp.

Sp

sp

5 Lies. Markiere Sp sp.

sprechen   spielen   Spanisch   Sport

6 Schreibe Sp sp.

Spanien   **Sp**anisch   **Sp**ort   **sp**ät

7 Schreibe Sp sp.

☐☐rachen   ☐☐rechen   ☐☐ort machen   ☐☐ät

8 Höre und klopfe. ▶4_06

Spa ni en   Spra che   spie len   spre chen

9 Höre und sprich. Schreibe Sp sp und _e. ▶4_06

....a ni ....n   ....ra ch....   ....ie l n   ....re ch n

10 Sieh die Bilder an. Schreibe Sp sp.

Entschuldigung, ...ielst du Fußball?
wie ....ät ist es?

11 Höre. Schreibe Sp sp. ▶4_07

▶ Machst du Sport?
◁ Ja, ich ☐☐iele Fußball.
▶ Oh, das macht bestimmt ....aß.

12 Verbinde.

Spanisch   *spielen*
sprechen   *Sprache*
Sprache   *Spanisch*
spielen   *sprechen*

▶4_08

spielen
sprechen
Sprache
Sport

St st   *St st* St st St st **St st**

1 Sieh die Bilder an. Höre. ▶ 4_09

2 Höre. Sprich. ▶ 4_09

Stadt — Scht / St

3 Schreibe St st.

4 Schreibe St st.

5 Lies. Markiere St st.

Straße   Stadt   Bleistift   Buchstaben

6 Schreibe St st.

Bleistift   Buchstabe   Start   Straße

7 Schreibe St st.

☐undenplan   buch☐☐abieren   ver☐☐ehen

8 Höre und klopfe. ▶ 4_10

(Stra · ße)   (Städ · te)   (Buch · sta · ben)   (Stif · te)

9 Höre und sprich. Schreibe St st und _e. ▶ 4_10

…… ra ß   …… äd t   Buch …… a b n   …… if t

10 Sieh die Bilder an. Schreibe St st.

Wo finde ich die

…-……raße?

Das ver…… ehe ich nicht.

11 Höre. Schreibe St st. ▶ 4_11

▶ Entschuldigung, ich suche die Maxstraße.
◁ Gehen Sie bis zur ☐☐raßenbahn und dann links.
  Das ist die Max☐☐raße.
▶ Okay, ver…… anden, vielen Dank.

12 Verbinde.

Buchstabe   Straße
Start   Buchstabe
Straße   Verstanden
verstanden   Start

▶ 4_12

Straße
Stift   Stadt
verstehen

71

Au au

1 Sieh die Bilder an. Höre. ▶ 4_13

2 Höre. Sprich. ▶ 4_13

3 Schreibe Au au.

Au au   Au au

4 Schreibe Au au.

Au

au

5 Lies. Markiere Au au.

Frau   Haus   Auge   Auto

6 Schreibe Au au.

auf   auch   laut   Auto   Frau

7 Schreibe Au au.

☐☐to   H☐☐snummer   ☐☐gen   B☐☐m

8 Höre und klopfe. ▶ 4_14

(tau send) (lau fen) (Frau en) (lau ter)

9 Höre und sprich. Schreibe au und _e. ▶ 4_14

t...... s nd   l...... f n   Fr...... n   l...... t r

10 Sieh die Bilder an. Schreibe Au au.

......f Wiedersehen!

Kannst du bitte l......ter sprechen?

11 Höre. Schreibe Au au. ▶ 4_15

▶ Frau Slimani, woher kommen Sie?
◁ Ich komme ...... s M...
▶ Woher? Können Sie bitte l......ter sprechen?
◁ ......s Marokko.

12 Verbinde.

Auf Wiedersehen   Auf Wiedersehen
Hausnummer   tausend
tausend   Frauen
Frauen   Hausnummer

▶ 4_16

Haus   Frau   Auto   auf   laut

Ch ch Ch ch Ch ch ch ig

1 Sieh die Bilder an. Höre. ▶ 4_17

2 Höre. Sprich. ▶ 4_17

sechzig
ich _ig

3 Schreibe Ch ch.

Ch ch   Ch ch

ich
nach e i ie
ä ö ü ei eu äu

4 Schreibe Ch ch _ig.

Ch   ch

ig

5 Lies. Markiere ch und _ig.

ich   Milch   Brötchen   sechzig

6 Schreibe Ch ch.

freut mich   nicht   Griechenland   China   möchten

7 Schreibe ch _ig.

wi☐t☐   dreiß☐   vierz☐   ri☐t☐

8 Höre und klopfe. ▶ 4_18

(Bröt ˌchen)   (biss ˌchen)   (spre ˌchen)   (möch ˌten)

9 Höre und sprich. Schreibe ch und _e. ▶ 4_18

Bröt ..... n   biss ..... n   spre ..... n   mö ..... t n

10 Sieh die Bilder an. Schreibe Ch ch.

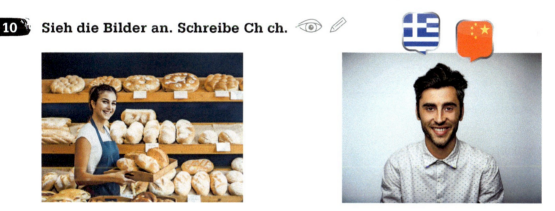

Guten Tag.   Ich spre..... e Grie..... isch
Was mö..... ten Sie?   und ..... inesisch.

11 Höre. Schreibe ch. ▶ 4_19

▶ Guten Tag. Was mö**ch**ten Sie? Brot oder Bröt**ch**en?
◁ Vier Bröt ▢ en, bitte.
▶ Wel..... e Bröt..... en mö..... ten Sie?

12 Verbinde.

Griechenland   sechzig
sechzig   richtig
China   Griechenland
richtig   China

▶ 4_20

sprechen
Milch   ich
China   sechzig

_ch

1 Sieh die Bilder an. Höre. ▶ 4_21 👁 👂

2 Höre. Sprich. ▶ 4_21 👂 👄

 ach

nach a o u au

3 Schreibe _ch. ✏️

ch

4 Schreibe _ch. ✏️

ch

5 Lies. Markiere _ch. 👁 ✏️

acht   Buch   Nacht   Taschentuch

6 Schreibe _ch. ✏️

Gute Na**ch**t   Na**ch**name   a**ch**tzehn   ma**ch**en

7 Schreibe _ch. ✏️

Tu☐☐   Spra☐☐e   Bu☐☐stabe   Wörterbu☐☐

8 Höre und klopfe. ▶ 4_22

ma·chen   su·chen   Spra·che   brau·chen

9 Höre und sprich. Schreibe _ch und _e. ▶ 4_22

ma ...... n   su ...... n   Spra ......   brau ...... n

10 Sieh die Bilder an. Schreibe _ch.

Entschuldigung, haben Sie ein Taschentu......?

Was muss ich hier ma...... en?

11 Höre. Schreibe _ch. ▶ 4_23

▶ Brauchen Sie ein Taschentuch?
◁ Oh ja, vielen Dank.
■ Entschuldigung. Ich brau...... e au...... eins.

12 Verbinde.

Muttersprache   Nachname
Nachname   achtundachtzig
Taschentuch   Muttersprache
achtundachtzig   Taschentuch

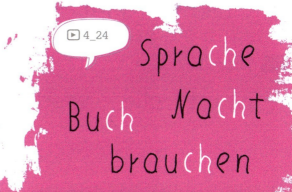

▶ 4_24

Sprache Nacht Buch brauchen

1 Sieh die Bilder an. Höre. ▶ 4_25

2 Höre. Sprich. ▶ 4_25

3 Schreibe H h.

4 Schreibe H h.

5 Lies. Markiere H h.

Heft　　　Handy　　　Haus　　　Sporthalle

6 Schreibe H.

Hallo　　Heft　　Haus　　Herr　　Hand

7 Schreibe H h.

Sport☐alle　wieder☐olen　☐andy　wo☐er

8 Höre und klopfe. ▶ 4_26

hei ßen   hel fen   ha ben   wie der ho len

9 Höre und sprich. Schreibe h und _e. ▶ 4_26

....ei ß n   ....el f n   ....a b n   wie d r   ....o l n

10 Sieh die Bilder an. Schreibe H h.

Entschuldigung, ...ast du ein ....andy?   Entschuldigung, können Sie das bitte wieder....olen?

11 Höre. Schreibe H h. ▶ 4_27

▶ **H**allo, kannst du mir **h**elfen?
  Ich ☐abe mein ☐andy vergessen.
◁ Du kannst gern mein ....andy ....aben.

12 Verbinde.

Schulhof   Staatsangehörigkeit
hundert   Heimatland
Heimatland   Schulhof
Staatsangehörigkeit   hundert

▶ 4_28

Haus woher Heft helfen Handy

1 Sieh die Bilder an. Höre. ▶ 4_29 👁 👂

2 Höre. Sprich. ▶ 4_29 👂 👄

3 Schreibe ü y. ✏

4 Schreibe ü y. ✏

ü

y

5 Lies. Markiere ü y. 👁 ✏

Müll   Schlüssel   Türkei   Ägypten

6 Schreibe ü y. ✏

7 Schreibe ü. ✏

T☐rkei   Schl☐ssel   M☐ll   M☐tter

8 Höre und klopfe. ▶ 4_30

(müs)(sen)   (dür)(fen)   (Schlüs)(sel)   (Ä)(gyp)(ten)

9 Höre und sprich. Schreibe ü y und _e. ▶ 4_30

m..ssn   d..r fn   Schl..ssl   Ä g..p t n

10 Sieh die Bilder an. Schreibe ü.

D..rfen wir reinkommen?   M..ssen wir hier warten?

11 Höre. Schreibe ü. ▶ 4_31

▶ Dürfen wir reinkommen?
◁ Nein. Sie d..rfen noch nicht reinkommen.
   Einen Moment, bitte.
▶ Wir m..ssen warten.

12 Verbinde.

fünfzehn   Tschüss
müssen   fünfzehn
dürfen   müssen
Tschüss   dürfen

▶ 4_32

Schlüssel müssen fünf Ägypten Tschüss

Ü ü Üü Ü ü Üü Ü ü Ü ü üh y

1 Sieh die Bilder an. Höre. ▶ 4_33

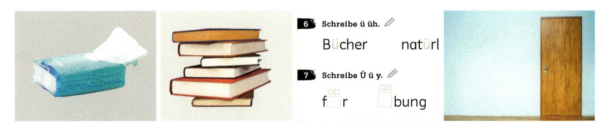

2 Höre. Sprich. ▶ 4_33

3 Schreibe Ü ü üh y.

Ü ü üh y

4 Schreibe Ü ü üh y.

5 Lies. Markiere Ü ü.

Taschentücher　　Bücher　　Übung　　Tür

6 Schreibe ü üh.

Bücher　natürlich　Tür　über　früh

7 Schreibe Ü ü y.

8 Höre und klopfe. ▶ 4_34

(ü ben) (Sü den) (Bü cher) (Tü ren)

9 Höre und sprich. Schreibe ü und _e. ▶ 4_34

(.... b n) (S.... d n) (B.... ch r) (T.... r n)

10 Sieh die Bilder an. Schreibe Ü ü.

Kannst du das f....r mich ....bersetzen?

Ich verstehe die ....bung nicht.

11 Höre. Schreibe ü y. ▶ 4_35

▸ Entschuldigung, kommst du aus S**y**rien?
◁ Ja.
▸ Kannst du f☐☐r mich ☐☐bersetzen?
◁ Ja, nat....rlich.

12 Verbinde.

natürlich — übersetzen
Übung — Syrien
übersetzen — Übung
Syrien — natürlich

▶ 4_36

Übung
früh   Syrien
Bücher

Station 4

1 Höre und markiere. Schreibe die Buchstaben in deiner Sprache. ▶ 4_37

	Tisch	Sport	Stift	Auto	Milch	Buch	Haus	Müll	Tür
🇩🇪	Sch	Sp	St	Au	Ch		H	Ü Üh	
	sch	sp	st	au	ch _ig	_ch	h	ü y	ü üh y

nach e i ie ä ö ü
ei eu äu → ich

nach a o u au → ach

2 Übersetze. 🇩🇪 →

Deutsch ....

Arabisch ....

Englisch ....

Russisch ....

3 Übersetze. 🇩🇪 →

Welche Sprache sprichst du? ....

Ich spreche … ....

Können Sie mir helfen? ....

Ich suche die …-Straße. ....

Können Sie bitte lauter

sprechen? ....

Kannst du das übersetzen? ....

4 Höre. Sprich. 4_38

ch ⟶ _ch

5 Höre. Kreuze an. 4_39

ich	☐	☐
acht	☐	☐
Brötchen	☐	☐
Buch	☐	☐
fertig	☐	☐
siebzig	☐	☐
Nacht	☐	☐
Sprache	☐	☐

_ig
I**ch** bin fert**ig**.   ich

6 Höre und schreibe die Zahlen. Übersetze. 4_40

z   z

z

z

z

z

z

eu z

7 Höre. Sprich. 4_40

Eu eu Eu eu *Eu eu* Äu äu

1 Sieh die Bilder an. Höre. ▶ 5_01

2 Höre. Sprich. ▶ 5_01

3 Schreibe Eu eu äu.

4 Schreibe Eu eu Äu äu.

5 Lies. Markiere Eu eu äu.

Europa   Häuser   Freunde   Euro

6 Schreibe Eu eu äu.

n**eu**   H**äu**ser   D**eu**tsch   Fr**eu**nde   **Eu**ro

7 Schreibe eu.

n☐☐n   n☐☐nzehn   n☐☐nzig   n☐☐nhundert

8 Höre und klopfe. ▶5_02

(heu | te)   (Bäu | me)   (Freun | de)   (Häu | ser)

9 Höre und sprich. Schreibe eu äu und _e. ▶5_02

h____t   B____m   Fr____nd   H____s r

10 Sieh die Bilder an. Schreibe eu.

Kr____ze bitte hier an.

Das ist mein Fr____nd.
– Fr____t mich.

11 Höre. Schreibe eu. ▶5_03

▶ Das ist mein Fr**eu**nd Jamil. Er ist n**eu** hier.
◁ Hallo Jamil, fr☐☐t mich. Ich heiße Beno.
■ Fr____t mich auch.

12 Verbinde.

Deutschland   ankreuzen
heute   Euro
Euro   heute
ankreuzen   Deutschland

▶5_04

Freund
neu   Häuser
Deutsch   Euro

Jj Yy

Jj Yy Jj Yy J j Y

1 Sieh die Bilder an. Höre. ▶ 5_05

2 Höre. Sprich. ▶ 5_05

3 Schreibe J j Y y.

4 Schreibe J j Y y.

5 Lies. Markiere J Y.

Joghurt   Junge   Yoga   Jacke

6 Schreibe J j Y.

ja   Joghurt   Junge   Jacke   Yoga

7 Schreibe J.

☐ahr   ☐anuar   ☐uni   ☐uli

8 Höre und klopfe. ▶5_06

(Ja ˌcke)   (Jah ˌre)   (Jun ˌge)   (je ˌden)

9 Höre und sprich. Schreibe J j und _e. ▶5_06

....a ck   ....ah r   ....un g   ....e d n

10 Sieh die Bilder an. Schreibe J Y.

„Yoga" schreibt man nicht mit ....ot.   Entschuldigung, ist das deine ....acke?

11 Höre. Schreibe. J j Y. ▶5_07

▶ Entschuldigung, schreibt man „Yoga" mit Jot oder mit Ypsilon?

◁ Mit Ypsilon, bitte.

▶ Ah ....a, danke.

12 Verbinde.

Januar   Jahr
Juni   Juli
Juli   Januar
Jahr   Juni

▶5_08

Joghurt Yoga Jahr Jacke ja

Zz   Zz *Zz* Zz 𝓩𝓏 zz ts tz

1 Sieh die Bilder an. Höre. ▶ 5_09 👁 👂

2 Höre. Sprich. ▶ 5_09 👂 👄

3 Schreibe Z z tz ts. ✏

4 Schreibe Z z tz ts. ✏

5 Lies. Markiere Z z. 👁 ✏

Französisch   Zahlen   Zucker   Salz

6 Schreibe Z z. ✏

7 Schreibe z zz tz ts. ✏

Pi☐☐a   rech☐☐   Pla☐☐   Sal☐

8 Höre und klopfe. ▶ 5_10

(Plät ze)   (Zu cker)   (Zim mer)   (an kreu zen)

9 Höre und sprich. Schreibe Z z tz und _e. ▶ 5_10

Plä...... ....u ck r   ......im m r   an kreu ......n

10 Sieh die Bilder an. Schreibe Z z.

Ich kreu......e „Ja" an.

Wo ist ......immer ......weiund ......wan......ig?

11 Höre. Schreibe Z z ts. ▶ 5_11

▶ Entschuldigung. Wo ist Zimmer zweiundzwanzig?

◁ Das ist im ☐weiten Stock.
   Da vorne rech...... ist die Treppe oder du nimmst den Auf......ug.

12 Verbinde.

Geburtstag   Zimmer
Geburtsort   Postleitzahl
Postleitzahl   Geburtstag
Zimmer   Geburtsort

▶ 5_12

Zucker
Salz   rechts
Pizza   Platz

Ö ö

1 Sieh die Bilder an. Höre. ▶ 5_13

2 Höre. Sprich. ▶ 5_13

3 Schreibe Ö ö.

4 Schreibe Ö ö.

5 Lies. Markiere ö.

Wörterbuch   zwölf   Löffel   öffnen

6 Schreibe Ö ö.

Wörter   Öffner   Köpfe   zwölf

7 Schreibe ö.

L☐ffel   zw☐lf   W☐rterbuch   T☐chter

8 Höre und klopfe. ▶5_14

kön nen   möch ten   öff nen   Löf fel

9 Höre und sprich. Schreibe ö und _e. ▶5_14

k....n n n   m....ch t n   ....ff n n   L....f f l

10 Sieh die Bilder an. Schreibe Ö ö.

Das sind die T....chter   Schlage im W....rterbuch
von Frau ....ttinger.   nach!

Höre. Schreibe ö. ▶5_15

▸ Entschuldigung, wie schreibt man „öffnen"?
◂ Das k....nnt ihr im W....rterbuch nachschlagen.
  Hier sind die W....rterbücher.

12 Verbinde.

Töchter   können
Wörterbuch   Töchter
können   möchten
möchten   Wörterbuch

▶5_16

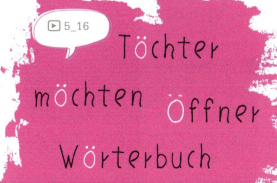

Ö ö öh   Ö ö Ö ö Ö ö öh

1 Sieh die Bilder an. Höre. ▶ 5_17

2 Höre. Sprich. ▶ 5_17

3 Schreibe Ö ö öh.

4 Schreibe Ö ö öh.

5 Lies. Markiere Ö ö.

Brötchen   Österreich   Möbel   Öl

6 Schreibe Ö ö.

Möbel   schön   Französisch   Österreich

7 Schreibe Ö ö.

l   Brtchen   Olivenl   Lsung

8 Höre und klopfe. ▶5_18

(hö ren)   (lö sen)   (Söh ne)   (Bröt chen)

9 Höre und sprich. Schreibe ö öh und _e. ▶5_18

h__ r n   l__ s n   S__ n   Br__ t ch n

10 Sieh die Bilder an. Schreibe ö öh.

Ich weiß nicht, wie man diese Aufgabe l__st.

Wo leben Ihre S__ne?

11 Höre. Schreibe Ö ö öh. ▶5_19

▶ Haben Sie Kinder?
◁ Ja. Zwei S☐☐ne. Sie leben in ☐sterreich.
▶ Wie sch__n.

12 Verbinde.

Staatsangehörigkeit   Österreich
Österreich   Französisch
Lösung   Staatsangehörigkeit
Französisch   Lösung

▶5_20

Öl
hören   Möbel
schön   Söhne

X x *X x X x* chs gs **ks**

1 Sieh die Bilder an. Höre. ▶ 5_21

2 Höre. Sprich. ▶ 5_21

3 Schreibe X x chs gs ks.

4 Schreibe X x chs gs ks.

X   x

chs   gs   ks

5 Lies. Markiere x ks chs.

Taxi   links   Praxis   sechs

6 Schreibe x.

Ma☐   Ale☐is   Ta☐i   Arztpra☐is

7 Schreibe chs gs ks.

lin☐☐   monta☐☐   se☐☐☐   we☐☐☐eln

96

8 Höre und klopfe. ▶ 5_22

(Kek se)   (Mi xer)   (Tex te)   (wech seln)

9 Höre und sprich. Schreibe x chs ks und _e. ▶ 5_22

Ke......   Mi...... r   Te...... t   we............ ln

10 Sieh die Bilder an. Schreibe x chs.

Können Sie den Te....t   Können Sie Geld
noch einmal vorspielen?   we............eln?

11 Höre. Schreibe x chs. ▶ 5_23

▶ Guten Tag. Ich möchte in die Maxstraße 2.

◁ Ma☐straße 2. Das macht se☐☐ Euro se☐☐undsechzig.

▶ Oh je. Können Sie we............eln?

12 Verbinde.

Arztpraxis
Taxi
Maxstraße
links

▶ 5_24

Taxi
Praxis   sechs
links   montags

97

Qu qu *Qu qu* Qu qu

1 Sieh die Bilder an. Höre. ▶ 5_25

2 Höre. Sprich. ▶ 5_25

3 Schreibe Qu qu.

4 Schreibe Qu qu.

5 Lies. Markiere Qu qu.

Quadrat Quark Aquarium Quittung

6 Schreibe Qu qu.

be**qu**em **Qu**ittung **Qu**alität **Qu**adrat

7 Schreibe Qu qu.

☐☐atsch ☐☐ark ☐☐adrat A☐☐arium

8 Höre und klopfe. ▶5_26

Quit·tung·en   Qua·dra·te   quiet·schen

9 Höre und sprich. Schreibe Qu qu und _e. ▶5_26

...it tung ..n   ...a dra ..t   ...iet sch ..n

10 Sieh die Bilder an. Schreibe Qu qu.

Der Sessel ist sehr be......em.

Wie viele ......adratmeter hat die Wohnung?

11 Höre. Schreibe Qu. ▶5_27

▸ Wie groß ist die Wohnung?

◂ Die Wohnung hat 50 ......adratmeter.

▸ Wie viele ......adratmeter hat die Küche?

12 Verbinde.

Quittung   bequem
Quadratmeter   Aquarium
bequem   Quadratmeter
Aquarium   Quittung

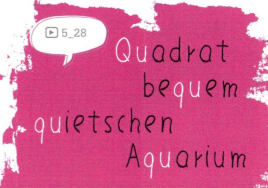

▶5_28

Quadrat
bequem
quietschen
Aquarium

_ng

1 Sieh die Bilder an. Höre. ▶ 5_29

2 Höre. Sprich. ▶ 5_29

3 Schreibe _ng.

4 Schreibe _ng.

5 Lies. Markiere _ng.

Junge   Ring   Wohnung   Zeitungen

6 Schreibe _ng.

E**ng**lisch   Ju**ng**e   Ri**ng**   la**ng**sam

7 Schreibe _ng.

Wohnu▢▢   Zeitu▢▢   Übu▢▢   Entschuldigu▢▢

8 Höre und klopfe. ▶ 5_30

Jun ge   Rin ge   an fan gen   Ü bun gen

9 Höre und sprich. Schreibe _ng und _e. ▶ 5_30

Ju....   Ri.... ....   an fa.... n   Ü bu.... n

10 Sieh die Bilder an. Schreibe _ng.

	Montag	Diens
1. Stunde 8:00–8:45 Uhr	D	Sp
2. Stunde 8:50–9:35 Uhr	D	Sp
1. große Pause		

Wann fä.... ....t der Unterricht an?

Entschuldigu.... ...., welche Übu.... .... machen wir?

11 Höre. Schreibe _ng. ▶ 5_31

▶ Wir fangen mit Übung elf an.
◁ Welche Übu☐☐ machen wir?
   Können Sie bitte la☐☐samer sprechen?
▶ Entschuldigu.... ..... Wir fa.... en mit Übu.... .... elf an.

12 Verbinde.

langsam   *Englisch*
Übung   *langsam*
Englisch   *Zeitung*
Zeitung   *Übung*

▶ 5_32

Ring Übung langsam Englisch

1 Sieh die Bilder an. Höre. ▶ 5_33

2 Höre. Sprich. ▶ 5_33

3 Schreibe _nk.

4 Schreibe _nk.

5 Lies. Markiere _nk.

Bank   krank   dunkel   trinken

6 Schreibe _nk.

Fra**nk**reich   Schra**nk**   kra**nk**   vielen Da**nk**

7 Schreibe _nk.

tri☐en   Ba☐   pü☐tlich   du☐el

8 Höre und klopfe. ▶5_34

(trin ken)   (den ken)   (Schrän ke)   (dun kel)

9 Höre und sprich. Schreibe _nk und _e. ▶5_34

tri..... n   de..... n   Schrä..... .....   du..... l

10 Sieh die Bilder an. Schreibe _nk.

Ich de..... e, ich bin kra..... .

Wo ist die nächste Ba.....?

11 Höre. Schreibe _nk. ▶5_35

▸ Ich de**nk**e, ich bin kra**nk**.
◁ Oh je, tri☐☐en Sie viel Tee und nehmen Sie die Tabletten. Gute Besserung!
▸ Vielen Da..... .

12 Verbinde.

Frankreich   Krankenhaus
Krankenhaus   Frankreich
Mobilfunk   Frankfurt
Frankfurt   Mobilfunk

▶5_36

krank
danke Bank
trinken

_er

1 Sieh die Bilder an. Höre. ▶ 5_37

2 Höre. Sprich. ▶ 5_37

3 Schreibe _er.

4 Schreibe _er.

5 Lies. Markiere _er.

Mutter　　　Vater　　　Kinder　　　verheiratet

6 Schreibe _er.

Lehr**er**　　　Schül**er**　　　Lehr**er**in　　　Schül**er**in

7 Schreibe _er.

Mutt__　　Numm__　　Kind__　　Länd__

Vat__　　v__heiratet　od__　　sup__

8 Höre und klopfe. ▶ 5_38

Zim mer   Num mer   o der   un ter

9 Höre und sprich. Schreibe _er. ▶ 5_38

Zim m....   Num m....   o d....   un t....

10 Sieh die Bilder an. Schreibe _er.

Unt.... schreibe bitte hier.

Hat die Wohnung zwei od.... vier Zimm.... ....?

11 Höre. Schreibe _er. ▶ 5_39

▶ Wie viele Zimmer hat die Wohnung?
◁ Die Wohnung hat vier Zimm☐☐.
▶ Sup....! Danke.

12 Verbinde.

Lehrerin — Kugelschreiber
Schüler — Kinderzimmer
Kinderzimmer — Lehrerin
Kugelschreiber — Schüler

▶ 5_40

Zimmer
Mutter
Vater
Kinder

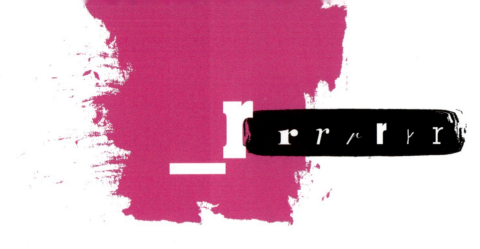

1 Sieh die Bilder an. Höre. ▶ 5_41

2 Höre. Sprich. ▶ 5_41

3 Schreibe _r.

4 Schreibe _r.

5 Lies. Markiere _r.

Tür   Uhr   Ohr   vier

6 Schreibe _r.

für   vor   ihr   mir   vier   hier   er

7 Schreibe _r.

Haustü☐   Uh☐zeit   Oh☐ring   vie☐zehn

Jah☐   seh☐   Dokto☐   Gebu☐t

8 Höre und klopfe. ▶ 5_42

(Ge · burt)   (wo · her)   (Mo · tor)   (Dok · tor)

9 Höre und sprich. Schreibe _r. ▶ 5_42

(Ge · bu…t)   (wo · he…)   (Mo · to…)   (Dok · to…)

10 Sieh die Bilder an. Schreibe _r.

Wie viel Uh… ist es?

Können Sie bitte die Tü… aufmachen?

11 Höre. Schreibe _r. ▶ 5_43

▸ Wie viel Uhr ist es?
◂ Es ist vie☐ Uh☐.
▸ Danke seh….

12 Verbinde.

vier — Doktor
Uhr — woher
Doktor — Uhr
woher — vier

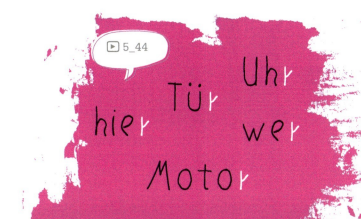

▶ 5_44

Uhr
Tür
hier   wer
Motor

Pf pf

Pf pf Pf pf Pf pf **Pf pf**

1 Sieh die Bilder an. Höre. ▶ 5_45

2 Höre. Sprich. ▶ 5_45

3 Schreibe Pf pf.

4 Schreibe Pf pf.

5 Lies. Markiere Pf pf.

Kopf   Topf   Pfeffer   Schnupfen

6 Schreibe Pf pf.

Schnu**pf**en   Ko**pf**   A**pf**el   **Pf**effer

7 Schreibe Pf pf.

A☐☐elsaft   ☐☐effer   To☐☐   Schnu☐☐en

8 Höre und klopfe. ▶5_46

Pfef·fer   Pflas·ter   klop·fen   an·klop·fen

9 Höre und sprich. Schreibe Pf pf und _e. ▶5_46

....ef·f..r   ....las·t..r   klo....·..n   an·klo....·..n

10 Sieh die Bilder an. Schreibe pf.

Klo....e bitte   Bitte anklo....en!
den Rhythmus.

11 Höre. Schreibe pf. ▶5_47

▸ Klopft bitte den Rhythmus.
◂ Wie kann man den Rhythmus klo☐☐en?
▸ Zum Beispiel: A....elsaft, Blumento.....

12 Verbinde.

Apfelsaft   Pfeffer und Salz
Pfeffer und Salz   Bitte anklopfen!
Bitte anklopfen!   Kopf
Kopf   Apfelsaft

▶5_48

Apfel
Kopf   Pfeffer
Schnupfen

Station 5

1 Höre und markiere. Schreibe die Buchstaben in deiner Sprache. ▶ 5_49

	Freund	ja	Pizza	Löffel	schön	Taxi	Quadrat	Apfel
🇩🇪	Eu Äu	J Y	Z	Ö	Ö Öh	X	Qu	Pf
	eu äu	j y	z _tz _ts	ö	ö öh	x chs gs ks	qu	pf

	Junge	Bank	super	Uhr
🇩🇪	_ng	_nk	_er	_r

!

Job
joggen
👄 dsch ✏ j

2 Übersetze. ✏ 🇩🇪 →

Entschuldigung, …? ....

Wie viel Uhr ist es? ....

Vielen Dank. ....

Freut mich. ....

3 Übersetze. ✏ 🇩🇪 →

Können Sie wechseln? ....

Höre noch einmal. ....

Kreuze bitte an. ....

Dürfen wir hier telefonieren? ....

4 Höre. Sprich. ▶ 5_50 👂 👄

i ⟶ ü

e ⟶ ö

5 Höre und kreuze an. Schreibe i ü e ö. ▶ 5_51 👂 ✕✏️ ✏️

	i	ü		e	ö
T....r	☐	☐	m....chten	☐	☐
M....ll	☐	☐	H....ft	☐	☐
b....tte	☐	☐	zw....lf	☐	☐
f....nf	☐	☐	....ffnen	☐	☐
St....ft	☐	☐	....ssen	☐	☐

6 Höre und schreibe die Zahlen. Übersetze. ▶ 5_52 👂 ✏️ 🇩🇪 → ___

38
achtundreißig

7 Höre. Sprich. ▶ 5_52 👂 👄

111

ff ll ck kk mm nn pp rr ss tt

1 Sieh die Bilder an. Höre. ▶ 6_01

2 Höre. Sprich. ▶ 6_01

3 Schreibe.

ff	ck	ll
mm	nn	pp
rr	ss	tt

4 Lies. Markiere ck ff pp tt.

Suppe   Löffel   Butter   Zucker

5 Schreibe ff nn pp rr ss tt.

Su**pp**e Ta**ss**e Ma**nn** He**rr** Bu**tt**er Lö**ff**el bi**tt**e

6 Schreibe ck ff ll mm ss.

Ka☐☐eeta☐☐e Hausnu☐☐er Fußba☐☐
Zu☐☐erlö☐☐el Abende☐☐en

7 Höre und klopfe. ▶6_02

(es)(sen)   (Sup)(pe)   (Kar)(tof)(fel)   (wol)(len)

8 Höre und sprich. Schreibe ff ll pp ss und _e. ▶6_02

e.....   n   Su..... .....   Kar   to..... l   wo..... .....n

9 Sieh die Bilder an. Schreibe ll mm ss tt.

Was wo..... en wir   Wie ist deine

e..... en?   Handynu..... er, bi..... e?

10 Höre. Schreibe ck ff ll pp ss. ▶6_03

▸ Was wollen wir essen?

◁ Ich habe noch Su☐☐e. Karto☐☐elsu☐☐e.

▸ Hm, le..... er! Ich hole Lö..... el und Ta..... en.

11 Verbinde.

Hallo Mutter   *Abendessen*
Handynummer   Tschüss
Abendessen   Handynummer
Tschüss   Hallo Mutter

▶6_04

Ball
Wasser Suppe
Kaffee Zucker
Mann   Akku

ah eh
ih oh
uh äh
öh üh

Ah *Eh* *Ih* **Oh** Uh Äh **Öh** *Üh*

1 Sieh die Bilder an. Höre. ▶ 6_05

2 Höre. Sprich. ▶ 6_05

3 Schreibe.

ah   eh

ih   oh   uh

äh   öh   üh

4 Lies. Markiere ah eh oh üh.

Wohnung   Bahnhof   Stühle   Lehrer

5 Schreibe ah eh ih oh.

neunz**eh**n   f**ah**ren   B**ah**n   w**oh**nen   **ih**r

6 Schreibe ah äh eh ih oh Uh.

U-B☐n   f☐ren   bis z☐n   z☐len

wie viel ☐☐r   ☐r w☐nt

7 Höre und klopfe. ▶ 6_06

(fah ren)   (woh nen)   (neh men)   (zäh len)

8 Höre und sprich. Schreibe ah äh eh oh und _e. ▶ 6_06

f...... r n   w...... n n   n...... m n   z...... l n

9 Sieh die Bilder an. Schreibe ah Uh.

Ist das die U-B......n nach …?   Wie viel ......r ist es?

10 Höre. Schreibe ah äh eh. ▶ 6_07

▸ Ist das die U-B ah n nach W eh len?
◂ Nein, die f......rt auf Gleis z......n!
▸ Danke s......r!

11 Verbinde.

Postleitzahl   Bahnhof
Wohnung   Auf Wiedersehen
Bahnhof   Postleitzahl
Auf Wiedersehen   Wohnung

▶ 6_08

Bahn Lehrerin sehen Uhr ihr wohnen

**schl
schm
schn
schr
schw**

Schl Schm Schn Schr Schw

1 Sieh die Bilder an. Höre. ▶ 6_09

2 Höre. Sprich. ▶ 6_09

3 Schreibe.

Schl   schm

Schn   schr

Schw

4 Lies. Markiere Schl Schn schr Schw.

Schnupfen   Schwester   Unterschrift   Schlüssel

5 Schreibe Schl Schm Schn schr.

Schnupfen   Schmerzen   Unterschrift   Schlüssel

6 Schreibe schm schr Schw.

☐☐☐ester Kopf☐☐☐erzen Unter☐☐☐ift

7 Höre und klopfe. ▶ 6_10

Schnup·fen   schla·fen   Schmer·zen   schrei·ben

8 Höre und sprich. Schreibe schl Schm Schn schr und _e. ▶ 6_10

......up f n   ......a f n   ......er z n   ......ei b n

9 Sieh die Bilder an. Schreibe Schw schm.

Ich komme aus der ......eiz.

Ich habe Kopf......erzen.

10 Höre. Schreibe schl Schm schm Schn. ▶ 6_11

▸ Mir geht es schlecht. Ich kann nicht schlafen.
◁ Hast du ☐☐☐erzen?
▸ Ja, ich habe Kopf......erzen und ......upfen.

11 Verbinde.

Kugelschreiber   *Unterschrift*
Unterschrift   *Schlüssel*
Schlüssel   *Schweiz*
Schweiz   *Kugelschreiber*

▶ 6_12

schreiben
schlafen
Schwester
Schlüssel

br dr
fr gr
kr pr
tr

Br Dr Fr Gr Kr Pr Tr

1 Sieh die Bilder an. Höre. ▶6_13

2 Höre. Sprich. ▶6_13

3 Schreibe.

4 Lies. Markiere Br dr Gr.

Brief   Adresse   Grüße   Bruder

5 Schreibe Br dr Fr kr Pr.

Adresse   krank   Bruder   Frau   Preis

6 Schreibe dr Fr Gr.

☐eißig ☐auen A☐esse ☐age

viele ☐üße aus ☐iechenland

7 Höre und klopfe. ▶ 6_14

(Grü ͜ ße)   (trin ͜ ken)   (brau ͜ chen)   (freu ͜ en)

8 Höre und sprich. Schreibe br fr Gr tr und _e. ▶ 6_14

(.... ü ß)   (.... in k n)   (.... au ch n)   (.... eu n)

9 Sieh die Bilder an. Schreibe Br br dr Fr Gr.

Ich .... auche noch deine A.... esse.

.... eut mich. Viele .... üße an deinen .... uder.

10 Höre. Schreibe Br Fr Gr kr. ▶ 6_15

▶ Hallo Frank. Wie geht es deinem Bruder?
◁ Mein ☐☐uder ist ☐☐ank.
▶ Oh, sag ihm viele .... üße.

11 Verbinde.

Viele Grüße   aus Kroatien
aus Kroatien   dein Bruder
dein Bruder   Frank
Frank   Viele Grüße

▶ 6_16

Station 6

1 Höre. Schreibe die Buchstaben in deiner Sprache. ▶ 6_17

🇩🇪	Schm	Schn	Schr	Schw	Schl	Br	Dr	Fr	Gr	Kr	Pr	Tr
	schm	schn	schr	schw	schl	br	dr	fr	gr	kr	pr	tr

2 Übersetze. 🇩🇪 →

Ich bin krank. ....

Hast du Schmerzen? ....

Sie brauchen Ruhe. ....

Du schläfst. ....

3 Übersetze. 🇩🇪 →

Das verstehe ich nicht. Können Sie das wiederholen?
....

Noch einmal, bitte. ....

Was muss ich hier machen?
....

Wie schreibt man das? ....

4 Höre. Schreibe Schl schl Schn schr Schw und br dr Fr Gr kr. ▶ 6_18

.... ester   .... auchen

.... üssel   .... üße

Unter..... .... ift   .... age

.... afen   .... ank

.... upfen   .... außen

5 Unterschreibe das Formular.

Ort, Datum:

Hier bitte unterschreiben:

Ort, Datum:
Berlin, 22.04.2018

Hier bitte unterschreiben:
Erika Mustermann

6 Höre und schreibe die Zahlen. Übersetze. ▶ 6_19

7 Höre. Sprich. ▶ 6_19

121

Alphabet

1 Höre und schreibe. ▶ 6_20

A	B	C	D	E	F	G	H	I	J	K	L	M	N
a	b	c	d	e	f	g	h	i	j	k	l	m	n
a	be	tse	de	e	ef	ge	ha	i	jot	ka	el	em	en

O	P	Qu	R	S	T	U	V	W	X	Y	Z
o	p	qu	r	s	t	u	v	w	x	y	z
o	pe	ku	err	es	te	u	fau	we	iks	üpsilon	tset

Ä	Ö	Ü	
ä	ö	ü	ß
ä	ö	ü	es-tset

2 Buchstabiere deinen Namen.

....
....

3 Schreibe deine Adresse.

Vorname ....
Nachname ....
Straße ....
Hausnummer ....
Postleitzahl ....
Stadt ....
Land ....

4 Arbeitet zusammen und buchstabiert eure Adressen.

Laute und Buchstaben

▶ 6_21 👂

B b	P p
Banane	**P**ass

D d	T t
Dose	**T**asse

G g	K k / Ch ch / C c / ck
Geld	**K**affee / **C**hor / **C**omputer / Zu**ck**er

M m	N n
Marker	**N**orde**n**

_ng

Ri**ng**

_nk

kra**nk**

L l

lesen

Laute und Buchstaben

F f
V v
Ph ph

Flasche
Vogel
Physik

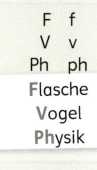

W w
V v

Westen
Vase

S s

Süden

_s _ß _ss

Hau**s**
Fu**ß**
e**ss**en

Sch sch

Schlüssel

Sp_ sp_

sprechen

St_ st_

Stadt

Ch ch

China

J j
Y y

Joghurt
Yoga

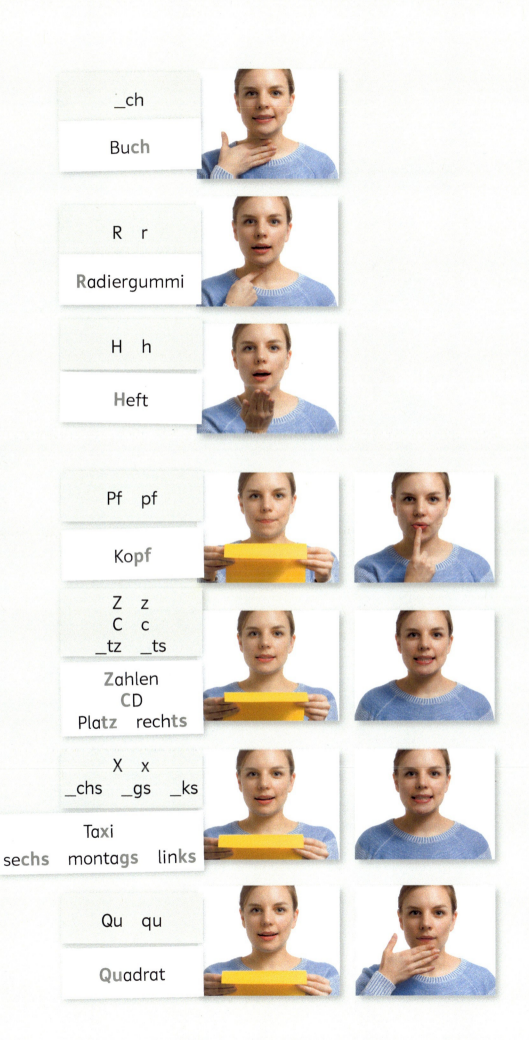

Laute und Buchstaben

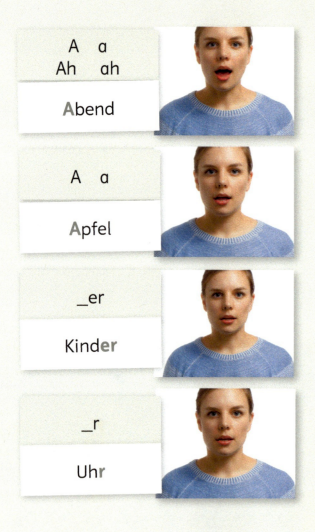
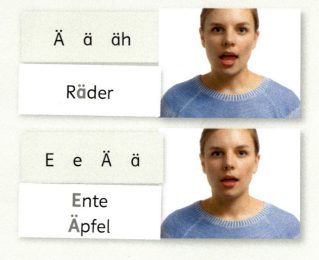
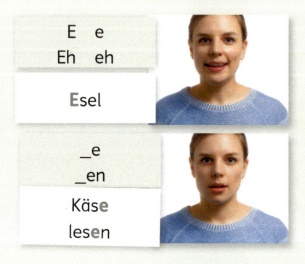
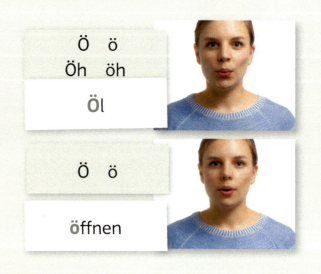

A a / Ah ah	**A**bend
A a	**A**pfel
_er	Kind**er**
_r	Uh**r**
E e / Eh eh	**E**sel
_e / _en	Käs**e** / les**en**

Ä ä äh	R**ä**der
E e Ä ä	**E**nte / **Ä**pfel
Ö ö / Öh öh	**Ö**l
Ö ö	**ö**ffnen

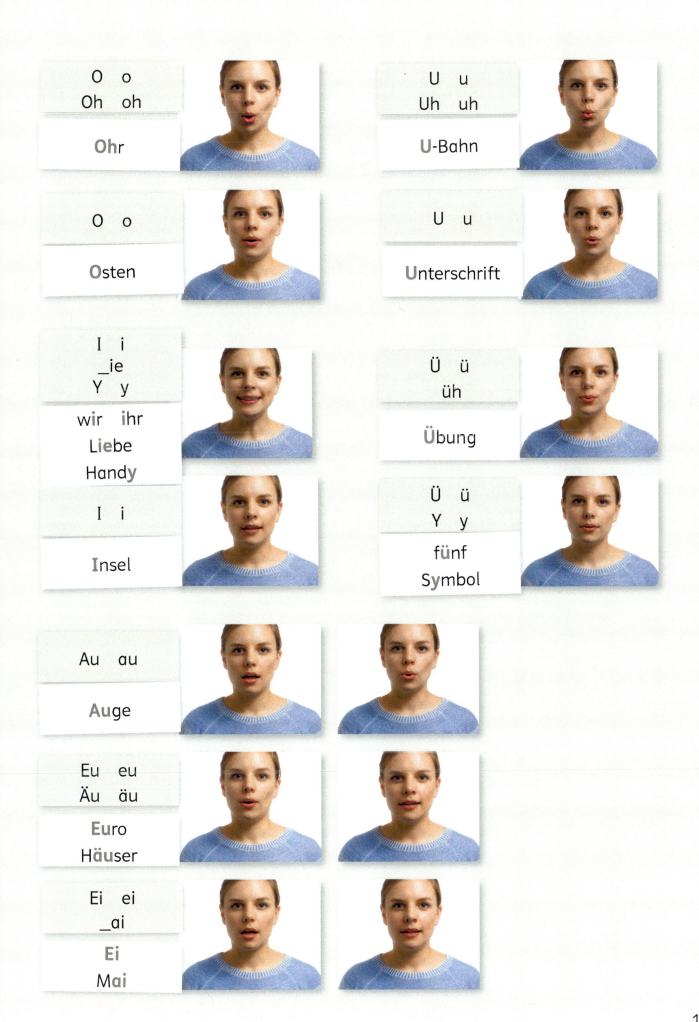

Bildquellen

053.1 Thinkstock (monkeybusinessimages); 068.3 (photolars); Fotolia.com, New York: 030.4, 078.1 (Björn Wylezich); 090.1 (photolars); Getty Images, München: 006.2 (asiseeit); 008.3, 008.4, 068.1 (4FR); 010.1, 010.2 (mustafagull); 015.1 (Dutko); 016.1 (LightFieldStudios); 016.2 (Wega52); 017.1 (Steven Errico); 017.2 (Klaus Vedfelt); 023.1 (ER Productions Limited); 023.2 (Jose Luis Pelaez Inc); 023.3 (gt29); 061.1 (Nikada); 071.1 (princigalli); 089.1 (skynesher); 093.2 (valentinrussanov); 099.1 (Deagreez); 101.2 (FatCamera); 113.2 (ViewApart); 117.2 (Steve Debenport); 119.2 (MikeCherim); iStockphoto, Calgary, Alberta: 006.1 (amphotora); 008.1, 042.1, 069.2, 115.1 (alvarez); 008.2, 015.2, 108.4, 116.1 (PeopleImages); 009.2 (Kemter); 010.3, 010.4 (Uniyok); 011.1 (republica); 011.2 (07_av); 012.2 (mrPliskins); 012.4 (hohl); 014.3, 070.1 (Tuayai); 018.2 (marcoscisetti); 018.4 (simonkr); 019.1 (thelinke); 020.4 (absolutimages); 022.3, 104.3 (FatCamera); 026.1, 046.1, 046.2, 052.1 (MicroStockHub); 026.3, 088.1 (chictype); 026.4, 054.2 (kyoshino); 028.4, 062.3 (davincidig); 029.1 (isitsharp); 030.1 (Dmitriy Galaganov); 030.2 (webphotographeer); 030.3 (OLEKSANDR PEREPELYTSIA); 032.1, 062.1 (scanrail); 032.3 (gehringj); 034.1 (Lorado); 034.2 (BlackJack3D); 036.1 (akinbostanci); 036.3 (timsa); 036.4 (Jirsak); 038.1 (boschettophotography); 038.2, 039.2 (DarthArt); 040.1 (tupungato); 040.3, 106.2 (malerapaso); 042.4 (eggeeggjiew); 048.3 (1MoreCreative); 048.4 (catscandotcom); 051.1 (yipengge); 052.2 (Xesai); 052.4 (mashuk); 054.3 (AnthiaCumming); 055.1 (TommL); 058.4, 102.4 (laflor); 063.2 (aprott); 069.1 (LDProd); 070.4 (kutaytanir); 072.1 (HRAUN); 072.4 (JazzIRT); 073.1 (Halfpoint); 073.2 (agrobacter); 075.1 (Petar Chernaev); 075.2 (Morsa Images); 079.1 (solidcolours); 080.3 (niyok); 089.2 (DonNichols); 092.2 (digitalhallway); 092.3, 112.2 (SensorSpot); 092.4, 115.2 (MarioGuti); 093.1 (Juanmonino); 094.3 (asbe); 095.2 (eclipse_images); 096.2 (hanibaram); 096.3 (Alija); 097.1 (vitranc); 098.3 (mehmettorlak); 100.2 (bluestocking); 102.3 (Paleha); 104.1 (Aldo Murillo); 104.2 (aldomurillo); 104.4 (Polina Shuvaeva); 105.1 (AlexBrylov); 105.2, 119.1 (kokouu); 107.1 (ra2studio); 109.2 (AndreyPopov); 112.3 (milanfoto); 114.3 (morkeman); 114.4 (track5); 118.3 (bo68); Klett-Archiv, Stuttgart: 009.1, 025.1, 025.2, 025.3, 025.4, 035.1, 045.1, 045.3, 045.4, 055.2, 065.1, 065.2, 081.2, 085.1, 085.2, 111.1, 111.2, 111.3, 111.4, 123.1, 123.2, 123.3, 123.4, 123.5, 123.6, 123.7, 123.8, 123.12, 123.13, 123.14, 124.1, 124.2, 124.3, 124.4, 124.5, 124.6, 124.7, 124.8, 124.9, 125.1, 125.2, 125.3, 125.4, 125.5, 125.6, 125.7, 125.8, 125.9, 125.10, 126.1, 126.3, 126.5, 126.6, 126.7, 126.8, 126.9, 127.1, 127.2, 127.3, 127.4, 127.5, 127.7, 127.8, 127.9, 127.10, 127.11, 127.12, 127.13, 127.14 (Stephan Klonk); 045.2, 047.1, 057.2, 091.2, 103.1, 123.9, 123.10, 123.11, 126.2, 126.4 (Stephan Klonk, Berlin); 092.1 (Andreas Kunz); Shutterstock, New York: 012.1, 054.4, 063.1, 118.2 (Charcompix); 014.2, 090.2 (ChameleonsEye); 014.4 (Millenius); 020.3, 118.1 (Albertiniz); 022.4 (Ira1609); 028.2, 072.2 (Detailfoto); 033.2 (Dragon Images); 034.3 (All-stock-photos); 034.4 (Cristi Lucaci); 038.3, 088.2, 100.1 (rSnapshotPhotos); 040.2, 066.4 (Anna Nahabed); 041.1 (igorstevanovic); 046.4 (Yorda); 049.1 (lonndubh); 050.3, 058.2 (Anatoly Tiplyashin); 050.4 (StockPhotoAstur); 056.1 (Vladyslav Starozhylov); 058.3, 090.3, 112.4 (Sea Wave); 059.1 (George Rudy); 062.4 (zefart); 068.4 (Africa Studio); 074.3, 094.1 (Sylvia Biskupek); 075.3, 075.4 (opicobello); 080.4 (Nisalwa Raden-Ahmad); 087.1 (ShutterProductions); 088.3 (LightFieldStudios); 088.4 (Normana Kari); 097.2 (cunaplus); 127.6 (Stephan Klonk); Shuttestock, : 078.3 (Detailfoto); Stadt Ludwigshafen am Rhein 041.2, 067.1; stock.adobe.com, Dublin: 024.1 (dikobrazik); 027.2 (svolvaer); 037.2 (Frank Merfort); 051.2 (auremar); 091.1 (Heiko Küverling); 098.4 (Frofoto); 107.2 (Andrey Popov); 114.2 (thorabeti); Thinkstock, München: 006.3 (eggeeggjiew); 006.4, 076.3 (vovan13); 012.3, 070.2 (fotojog); 013.1, 066.2 (Hemera Technologies); 013.2 (WorSangJun); 014.1 (Alex Levine); 018.1, 060.2 (Wavebreakmedia Ltd); 018.3, 054.1, 070.3 (Ivantsov); 019.2, 116.3 (pmphoto); 020.1, 020.2, 022.1, 032.2, 074.4, 076.1, 096.4, 106.4 (papparaffie); 021.2 (Fuse); 022.2 (BongkarnThanyakij); 026.2 (MarinMtk); 028.1, 066.1, 080.2, 116.4 (Winai_Tepsuttinun); 028.3 (erlobrown); 029.2 (YakobchukOlena); 031.1, 043.1, 103.2 (JackF); 031.2 (Max2611); 032.4 (Staselnik); 033.1 (kwanchaichaiudom); 035.2 (adisa); 036.2 (Hyrma); 040.4, 076.2 (Alexey Ukhov); 042.3 (erwo1); 043.2 (Wavebreakmedia); 047.2, 059.2 (Gewoldi); 048.1, 106.3 (EHStock); 048.2 (ArminStautBerlin); 050.1 (m-imagephotography); 050.2 (dcbog); 052.3 (desertsolitaire); 056.2 (Melpomenem); 056.3, 072.3 (Paffy69); 056.4, 061.2 (RuthBlack); 058.1 (scanrail); 060.1 (utah778); 060.3 (IvelinRadkov); 066.3 (simonkr); 067.2 (Pattanaphong Khuankaew); 068.2 (Yommy8008); 074.1 (Photodjo); 074.2 (fotoedu); 076.4 (Coprid); 077.1, 087.2 (shironosov); 078.2 (alexey_boldin); 078.4 (klikk); 080.1 (JANIFEST); 081.1 (bowdenimages); 082.1 (design56); 082.2 (PRUDENCIOALVAREZ); 082.4, 106.1 (drpnncpp); 086.1 (artJazz); 086.2 (AdamG1975); 086.3 (monkeybusinessimages); 086.4 (andylid); 090.4 (Sebalos); 094.2 (Uniyok); 094.4 (tanuha2001); 095.1 (smolaw11); 096.1 (frankpeters); 098.1 (Shablon); 098.2 (Eivaisla); 099.2, 114.1 (Naphat_Jorjee); 100.3 (AlessandroMassimiliano); 100.4 (Mitrija); 102.2 (KatarzynaBialasiewicz); 108.1 (bibacomua); 108.2 (konmesa); 108.3 (AndreyGorulko); 109.1 (cagan); 112.1 (margouillatphotos); 113.1 (vertmedia); 116.2, 118.4 (Nata_Snow); 117.1 (g-stockstudio)

Alle anderen Bilder: Gunther Pagel, Viernheim